EL EQUIPO GANADOR

Lenny Salcedo | Roxanna Espinal

DEDICATORIA:

A nuestros padres: Lino y María Salcedo, Juan y Gladys Espinal respectivamente. Por regalarnos el referente de matrimonios sanos y felices por más de cuatro decadas y por inspirarnos a convertirnos en un equipo ganador. Hay mucho de ustedes en estas hojas.

A nuestros pastores: Domingo y Sory Guzmán, y la iglesia de Naco por modelarnos el victorioso plan de Dios para una pareja.

A mis maestros: Dr. Joaquín Disla y Dra. Xiomara Rosario, por facilitarnos y mentorearnos el arte de la terapia familiar.

Sus hijos Lenny & Roxanna.

PRÓLOGO

La teoría tradicional ortodoxa presenta al matrimonio como un sistema sujeto a cambio y equilibrio. Lenny y Roxanna dan un paso más adelante y lo visualizan como el equipo ganador. En esta analogía al matrimonio se compara a la misma logística de un equipo deportivo motivado por la meta apasionante de ganar. ¿Recuerdas el sabor de haber ganado algo? Lenny y Roxanna le ponen un carácter lúdico al matrimonio dando en perspectiva el efecto emocional positivo que porta el concepto de ganar en relación con el éxito matrimonial. Por supuesto, no es suficiente desear ganar - Pues además de la intención se necesita planear el conjunto de estrategias de juego para obtener el resultado deseado. Un equipo diseñado para ganar sabe que la lucha no es contra ellos en sí mismos, sino, contra el equipo contrario, - "Una casa dividida contra sí misma no permanece," dijo Jesús. Es por ello que los autores señalan que se debe patear el balón y no a la persona; se debe hacer ofensiva contra el equipo opuesto, no contra sí mismos. Al leer El Equipo Ganador podrás comprender que el matrimonio, al igual que un equipo competitivo, debe desarrollar un alto nivel de sinergia y química para enfrentarse a los retos más desafiantes de la vida y obtener la victoria.

Uno de los tópicos más interesantes de estos autores es la forma como describen los conceptos de ofensiva y defensiva en un matrimonio y como utilizarlos de forma efectiva. Cada logro es como meter un gol en un partido de futbol – Es una sensación única por la cual todos saltan y gritan llenos de emoción por haber anotado dicho gol. De la misma manera cuando te das cuenta de que lograste alcanzar una meta junto a tu compañero/a de vida se siente genial para la pareja y todos sus fans (generalmente sus padres, familiares, y amigos nutricios que disfrutan verlos juntos.) Dichos logros toman lugar en cada nivel de crecimiento obtenido, ya sea en el área emocional, financiera, social o académica. La acción defensiva se refleja en la unidad de la pareja - la cual le permite luchar contra los obstáculos que tienen que enfrentar cada día. Estos obstáculos representan el equipo contrario tales como, las diferencias que existen entre la pareja, traumas del pasado, conflictos de lealtades, y cualquier otro factor que afecta la unión matrimonial. Al igual que la defensiva, la ofensiva es esencial para poder ganar el partido, explican los autores. Es importante destacar que para obtener una buena ofensiva se debe tener un buen sistema de comunicación entre el equipo/pareja. De esta manera la pareja puede planear y desarrollar un plan en armonía para vencer los diferentes retos de la vida. Con una defensa sólida y una buena ofensiva la pareja puede convertirse en El Equipo Ganador del partido más importante que es la vida, junto la persona que el mismo Dios puso a tu lado.

En conclusión, El Equipo Ganador por Lenny y Roxy, no solo nos da la clave de cómo construir una buena defensiva y ofensiva en la pareja, sino que también nos da ejemplos vivos y resultados probados del verdadero sabor de una victoria junto a la persona que amas. En la misma línea, uno de los puntos más excitante de esta joya literaria es cómo los autores describen: —que los intereses del equipo van por encima de los individuales —que no eres más porque sientes que estás haciendo más que tu compañero de vida —que el rol de cada uno es igual de importante al de su pareja, ya que no se gana un partido solo, más bien en equipo.

- Lino Salcedo

Doctor en Psicología, Autor.

Padre de Lenny, suegro de Roxanna.

TABLA DE CONTENIDOS

Introducción 7

01. Un equipo diseñado para ganar. 9

02. El Locker Room 20

03. Comunicación del equipo ganador 30

04. Un equipo saludable 39

05. Cómo crecer financieramente y emprender en pareja.. 49

06. Cómo manejar conflictos en el equipo. 62

07. Las parejas ganadoras van a terapia. 76

08. Conoce a tu pareja 88

09. El equipo contrario.. 98

10. Control, maltrato y violencia en la pareja. .. .. .115

11. Los 7 poderes de un matrimonio ganador 127

12. El juego de la sexualidad .. .. .147

Palabras finales 162

INTRODUCCIÓN

¿Deseas tener un matrimonio feliz y duradero? ¡Tienes que aprender a trabajar como equipo! Ni el amor ni el compromiso son suficientes para mantener felices a ambos esposos: necesitan confiar en sus cualidades conyugales. Cuando los dos se enfocan en el mismo objetivo, disfrutan de mayores recompensas. Aquí aprenderás cómo transformar tu matrimonio en una empresa exitosa las 24 horas del día y te mostraremos algunas claves para lograr convertir tu hogar en un equipo ganador.

Escuché a un humorista y comunicador de mi país referirse al matrimonio como una empresa y señalar al divorcio como la quiebra de la misma. Además, él siempre ve las situaciones sociales y hace un "Scouting Report", haciendo alusión a algo social como si fuera un deporte. De ahí, nos surgió la idea de pensar el matrimonio como EL EQUIPO GANADOR y no como uno perdedor; como una empresa que nació para ganar, conquistar y trascender y no como la crónica de una muerte anunciada. A continuación, les comparto sus palabras literales:

"Yo te digo la verdad, yo tengo un concepto del divorcio probablemente errado; **el divorcio es la quiebra de una empresa**. Uno nada más tiene que ponerse a pensar… lo contento que tú estabas el día que te ibas a casar, la inversión que tú hiciste, los 3 meses que pagaste adelantados de la casa, la elección de los muebles… Y **por una discusión, en un simple malentendido, sentarte con esa misma persona ¿¡a destruirlo todo!?** ¡Eso es una quiebra! Tú me lo puedes pintar como tú quieras, **fue un negocio importante que tú cerraste. Le pusiste un "se vende" a tus sueños**, a los sueños que tú tenías con esa mujer y que esa mujer tenía contigo. Claro, llegan momento que, por la incomprensión, hay gente que tiene que divorciarse, pero **mi consejo es que luchen** para que ese momento no llegue. Si uno de los dos tiene que ceder, que ceda, porque **para mí el divorcio, es la quiebra de la empresa familiar**". - Luisín Jimenez

¿Ha sentido alguna vez la presión, el peso de un matrimonio sobre sus hombros? ¿Alguna vez se ha cuestionado seriamente si usted y su cónyuge están preparados para trabajar juntos en equipo, de forma responsable y exitosa, como quizás ya lo están haciendo, en la parte laboral? Si la respuesta es sí, entonces ha llegado al lugar correcto. En este libro descubriremos paso a paso cómo convertir el matrimonio en un éxito prometedor que dé resultados. Por ejemplo, consejos para administrar adecuadamente las emociones, recursos financieros e inclusivamente ganar fuerza económica. Por supuesto, no olvidaremos aquellas cosas divertidas que ayudarán a sostener emocionalmente nuestro proyecto común; acercamientos importantes para garantizarnos mutua satisfacción personal dentro del ámbito marital (vacaciones conjuntas, date nights, etc.). ¡El tiempo del amor real!

Hay cuatro conceptos muy importantes a entender previamente, que son:

1. El equipo ganador, es decir, su pareja y usted.

2. El *Locker Room*, que vendría siendo el vestidor o las intimidades con las que nos preparamos para enfrentar las adversidades de la cancha de la vida.

3. El equipo contrario. Aquí están las emociones tóxicas, las malas creencias, las descalificaciones y los abusos, etc.

4. Los intrusos emocionales, también pertenecientes al equipo contrario. Aquellos que tratan de dividir tu equipo, supuestamente con buenas intenciones, pero con muy malos propósitos.

Aquí vamos equipo, ¡que empiece la diversión!

CAPÍTULO I.

UN EQUIPO DISEÑADO PARA GANAR

¡Un equipo ganador lo tiene todo! Diferentes posiciones, roles distintos, diferentes estilos y caracteres. Establece una sola meta que a todos les gusta... ¡Ganar! Existe un manager quien tendrá los ojos abiertos por todos y cada uno de los diferentes objetivos. El trabajo de equipo combinado, podría llevarles hasta el final del campeonato como ganadores, pero siempre tengamos cuidado con el equipo enemigo, el cual es peligroso justo fuera del equipo, pero sería letal si lo tuviéramos dentro.

¡Reclutar la alineación ideal para conformar un equipo ganador, es fundamental!

Se aplica lo mismo a conseguir una pareja para el matrimonio. Y en referencia a nuestro *Locker Room*, no podemos tener un buen matrimonio sin haber reclutado una buena persona como pareja. Pero, ¿significa eso que si tengo problemas maritales, mi pareja no es una buena elección? De ninguna manera, es muy probable que hayamos elegido a la mejor pareja y seamos dos buenas personas con una mala relación. ¡No hay mejor elección, en cuanto a compañero de vida, que tu pareja actual! Si estás viviendo un matrimonio complicado, quizá sea debido más bien a la dinámica trabada entre ustedes, no al hecho de haber seleccionado a la persona equivocada. Es decisivo recordar que normalmente ambas partes contribuyen en la generación de esta atmósfera y, de esa forma, no es saludable culpabilizar a un miembro del equipo, de haber perdido el juego, sino que cualquier fracaso recae sobre la responsabilidad colectiva del equipo.

RECUERDA PATEAR EL BALÓN, NO A LA PERSONA

La palabra agresividad es muy bien utilizada en los deportes porque hay que ser agresivos y ofensivos hacia el equipo contrario. Entiéndase que en el campo emocional de la pareja el equipo contrario no son regularmente personas, sino pautas del pasado, creencias limitantes, circunstancias sociales adversas, la pobreza, la ignorancia y todos esos factores que impiden el buen funcionamiento de la familia. En el lenguaje deportivo si bien emplea el concepto de agresividad, el cual se puede explicar en no ser pasivo e indiferente a las amenazas que acechan y atentan con hacernos perder el partido, ese camino no es el único camino para tener ventaja. Las 2 estrategias más importantes para ganar un partido tienen que ver con: ofensiva y defensiva. Por lo tanto, atacar en este caso significa aportar un punto a favor de mi equipo y defender es evitar, resistir y/o maniobrar el ataque del equipo contrario.

¿Pero qué pasaría si en vez de patear agresivamente el balón, pateamos al compañero de equipo? No hay mejor estrategia de guerra, y quizás una de las más antiguas, que "divide y vencerás". De ninguna manera podemos permitirnos que alguna de nuestras patadas se dirijan a un miembro de mi propio equipo. Si mi equipo gana, yo gano y si mi equipo pierde, yo pierdo.

Es por eso que Jesús dijo en el libro de Mateo 19:6: "así que no son ya más dos, sino una sola carne; por tanto, lo que Dios juntó, no lo separe el hombre". Porque en la cosmovisión cristiana de la familia somos individuos unidos en acción y propósito. Y no se puede ganar con un *Locker Room* dividido, Desde esa misma filosofía "un reino dividido no prevalece". Así que nos podemos hacer una idea clara de por qué la mayoría de los matrimonios fracasan en un intento colectivo, porque las intenciones individuales y las actitudes egoístas, no permitieron las buenas asistencias para anotar un punto, pues para dar una asistencia hay que ceder el balón al compañero o compañera de equipo.

SÉ COMPAÑERO Y NO ADVERSARIO

No somos perfectos y cualquiera puede equivocarse en lo que concierne a decisiones económicas, crianza de los hijos, entre otras cosas. Por ende, la posición que tomamos para ayudar a nuestra pareja puede ser como compañero o como adversario. El compañero trata de sacar el equipo adelante, su intención es ganar el juego, no le interesa detenerse a mitad del partido a ridiculizar o argumentar para simplemente ganar la discusión. Su objetivo siempre se enfoca en llevar al equipo a cumplir la meta. El adversario tiene el único fin de demostrar que tiene la razón. Conviértete en el compañero que tu equipo necesita.

¡¡Celebrar un matrimonio es una maravillosa experiencia!! Aunque el desafío parece titánico, la recompensa que brinda es invaluable. El objetivo de casarse no solo deviene en la adquisición de los conocidos "beneficios" del estado civil, sino también en capitalizar oportunidades ajenas al encuentro tradicional de dos personas. Un matrimonio exitoso viene a suponer ganancia para ambos miembros involucrados, pero si los contrayentes trabajan juntos su relación diariamente, el potencial y posibilidad de crecimiento son mucho más amplios. Entonces, salgan a hacer honor al objetivo propuesto del matrimonio: ¡ganar!

Somos el equipo de Dios, él nos unió para ganar. Lo que Dios une, nadie podrá separarlo. Tú y yo somos una fuerza conjunta para lograr los objetivos de Dios. Estamos juntos como un equipo formado por determinación divina, orientados a la victoria. Es verdad que hay veces en la que perdemos algún partido en el torneo, sin embargo, eso no significa que hayamos perdido el campeonato. Y no nos rendiremos, pues nuestra caminata hacia el éxito está fijada. Dios lo ha decretado así y tendremos fuerzas suficientes para alcanzar la plenitud.

El matrimonio ganador, es integralmente próspero y abundante, pero sobre todo abundante en gracia. El éxito de un matrimonio va mucho más allá que el poner énfasis en la riqueza. Valorar la plenitud es lo que en verdad marca la diferencia entre cestas y miserias. Trabajar para acumular fortuna, ahogados en el estrés y la ansiedad del día a día, ¿para qué? Porque si no eres feliz con tu pareja, todos tus esfuerzos por abrazar bienes materiales habrán resultado en vano. El triunfo de un matrimonio comienza exactamente ahí: en compartir sin reparos la felicidad de los grandes dominios, palacios soñados celestialmente perseguidos y conquistados con amor. Quien tiene fama o logros fuera del equipo, pero no trabaja en construir lindas experiencias con su pareja en el *Locker Room*, tendrá todo menos paz.

Han habido muchas personas con calidad de vida excepcionalmente privilegiada que han ido por un camino triste y decidieron quitarse la vida. Algunos podemos pensar que un estilo de vida lleno de fama, poder y recursos es motivación suficiente para mantenerse alegre la mayoría del tiempo. No obstante, hay veces en que incluso aquellos con los mayores beneficios no pueden evitar el pesimismo insalubre. La gente famosa y poderosa se encuentra tan expuesta al desaliento como el resto, quizás inclusive mucho más. Estas personalidades ilustres han tomado sus trágicas decisiones, trayendo verdadero dolor a sus amigos, familiares y a la humanidad entera. Pero nadie que es feliz se quita la vida, el suicidio responde a la angustia que causan los trastornos del estado de ánimo. Cuando hay buenos ánimos en un equipo ¡hay vida!

5 ASPECTOS PRELIMINARES PARA UN MATRIMONIO GANADOR

1. Dos son mejores que uno

Uno de los primeros pasos para tener un matrimonio exitoso es tener un objetivo en común. Esto significa que ambos esposos deben estar comprometidos a lograr algo juntos. Puede ser algo tan simple como criar a una familia feliz y saludable, o puede ser algo más ambicioso como construir un negocio juntos. Lo importante es que ambos esposos estén de acuerdo en cuál es el objetivo y se comprometan a trabajar juntos para lograrlo.

2. Comunicarse eficazmente

Otro aspecto importante de un matrimonio exitoso es la capacidad de comunicarse eficazmente. Esto significa que ambos esposos deben ser capaces de hablar abierta y honestamente sobre sus necesidades, deseos y preocupaciones. También significa escuchar activamente cuando el otro habla y buscar soluciones creativas a los problemas que surjan. La comunicación eficaz es clave para mantener un matrimonio fuerte y saludable.

3. Resolver conflictos constructivamente

Todos los matrimonios tienen conflictos, pero lo que los hace exitosos o no, es la forma en que se manejan esos conflictos. Los matrimonios exitosos son aquellos en los que los esposos son capaces de resolver sus diferencias de manera constructiva, sin lugar a gritos o insultos. Esto significa expresar sus sentimientos de manera respetuosa, buscar soluciones mutuamente satisfactorias y aprender a perdonar y olvidar. Si los conflictos se manejan de manera destructiva, pueden conducir al resentimiento, amargura y finalmente al divorcio.

4. Hacer tiempo para la intimidad

Otro elemento importante de un matrimonio exitoso es la intimidad física y emocional. A medida que pasa el tiempo, es natural que la intimidad sexual disminuya, por eso es importante hacer tiempo para conectarse emocionalmente con tu cónyuge. Esto significa tomarse el tiempo para conversar, reír juntos, hacer actividades juntos y simplemente estar en contacto físico con un abrazo o un beso. Mantener la intimidad viva en el matrimonio, ayuda a fortalecer el vínculo entre los cónyuges y evita que se sientan distantes o resentidos el uno del otro. (Veremos un poco más de esto en el capítulo dedicado especialmente a la vida sexual).

5. Aceptar las diferencias y los roles

Aunque es importante tener objetivos en común y trabajar juntos hacia ellos, también es importante aceptar las diferencias entre ustedes dos como personas individuales. Esto significa respetar las opiniones, creencias y perspectivas del otro, incluso si no estás de acuerdo con ellas. También significa darse espacio para ser autónomos y hacer algunas cosas por separado si así lo desean, ya que respetar el espacio de él o ella, es también una manera de acompañar asertivamente a tu pareja. Aceptar las diferencias ayuda a evitar el resentimiento y permite que cada persona se sienta valorada por quién realmente es.

RESOLUCIÓN DEL EQUIPO GANADOR

¡No llegamos hasta aquí para perder!

¡Hemos vivido momentos duros, pero seguimos aquí! Tenemos la intención de prosperar y llevar nuestra historia a un nuevo capítulo. Las circunstancias nos empujan hacia atrás hasta el límite, pero siempre nos recuperamos con mayor fuerza. Hemos estado inquebrantables e insistiendo para mantenernos firmes y continuar adelante en esta rivalidad tan competitiva.

Nuestro arduo trabajo ha valido la pena: construimos mitos que cuentan hazañas memorables de éxito que los demás solo pueden imaginar. Hemos de mostrar el coraje necesario para restaurar aún la gloria pasada para obtener lo que merecemos; una vez lo logramos y lo volveremos a hacer, iniciamos un viaje juntos y no hay marcha atrás. ¡No llegamos hasta aquí para perder!

¡Nacimos para tener éxito! La clave para encontrarlo es permanecer juntos como pareja. No te dejaré atrás, juntos tomaremos la decisión correcta; más aún, abandonarte significaría que rechazara el equipo al que pertenezco: el que formamos nosotros dos. ¡Vayamos juntos tras nuestras metas y podremos lograrlas!

PREGUNTAS PARA CRECER JUNTOS:

1. ¿Cuáles son las claves para tener éxito en la vida matrimonial?

2. Según un estudio, el matrimonio ganador es aquel en el que ambos miembros son felices. ¿Crees que es posible ser feliz en un matrimonio?

3. ¿Cómo pueden los matrimonios mantener una buena relación a largo plazo?

4. ¿Qué es lo que conduce al fracaso en una relación matrimonial?

5. Según ustedes... ¿cuál es el secreto para hacer de nuestro matrimonio él equipo ganador?

Pongámosle nombre a nuestro equipo

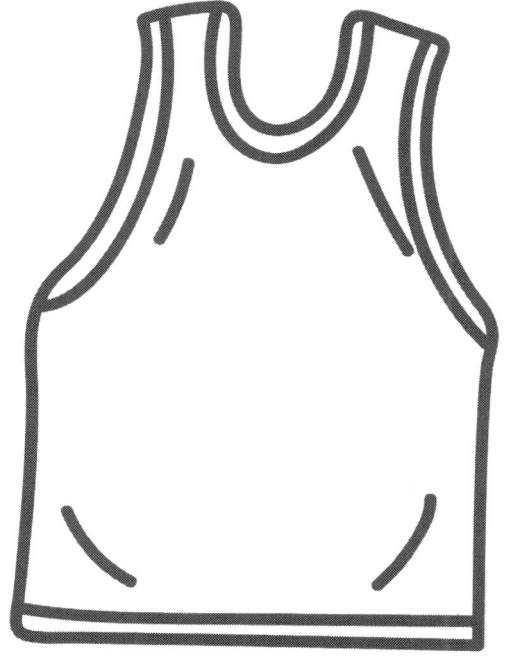

Dónde, cuándo y cómo nos conocimos?

Dónde:

Cuando:

Cómo:

Nuestros dos deseos son

CAPÍTULO II.

EL LOCKER ROOM

El *Locker Room* es el vestuario en donde los atletas entran antes de ir al partido. Los expertos en deportes dicen que ese es el lugar donde se gestan o donde se hacen las primeras jugadas para ganar o perder el partido. El vestuario de nuestra vida personal es nuestro pasado, ahí se construyó todo lo que estamos viviendo ahora. Ahí convivimos con mucha gente que lo queramos o no, influyeron en la manera que pensamos, cómo nos relacionamos, y la forma en que jugamos el torneo de la vida.

Cuando decidimos formar equipo con nuestra pareja, lo primero que esto implicó fue una renuncia a la lealtad con nuestro equipo inicial. Imagina que ambos venimos de otro equipo y hoy decidimos firmar un acuerdo para formar uno nuevo. En nuestro caso, nuestro primer equipo es nuestra familia inicial, y en el caso de quienes tuvieron una familia previa a su actual matrimonio, representan jugadores que han estado en varios equipos previos. La conformación de un nuevo equipo, implica que hemos elegido y renunciado a la vez. Esto quiere decir que, de manera automática, elegir es renunciar. El día que decidí formar equipo contigo, renuncié a todos los demás equipos.

Génesis 2: 24 dice: "por tanto, dejará el hombre a su padre y a su madre, y se unirá a su mujer, y serán una sola carne".

La mayoría de nosotros cuando comenzamos una relación con alguien, iniciamos ilusionados y llenos de esperanza, con millones de planes y expectativas hacia el futuro. Sin embargo, la mayoría nos casamos con una fantasía que muy pronto va a cambiar. La persona con la que nos casamos no es un ángel ni un demonio, no es necesariamente la mejor persona del mundo o la peor persona del mundo. No es que esa persona empezó bien y terminó mal, quizás el punto más importante es que nos casamos y no renunciamos a esa mochila del pasado, a esas lealtades del pasado, y a esas relaciones del pasado. ¿Significa eso que necesariamente nos olvidamos de papá y mamá? De ninguna manera, pero la forma en que nos relacionamos con ellos jamás debería ser la misma. ¿Significa eso que nos olvidamos de los hijos que se gestaron en una relación pasada? Tampoco. A lo que se quiere llegar es que para reconstruir nuestra vida matrimonial y reconstituir una familia, es necesario elegir y renunciar.

CONFLICTO DE LEALTADES

No se puede vivir en dos casas. No se puede tener un conflicto de lealtades. Los conflictos de lealtades son muy comunes en individuos que eligieron marcharse de casa y unir sus vidas con una pareja pero nunca pudieron cortar el cordón umbilical emocional con papá y mamá. Para elegir una pareja o nueva pareja, hay que renunciar como lo dice la biblia, dejar padre y madre y unirse a la persona que hoy estamos escogiendo. Si nunca renunciamos a nuestra lealtad vertical (papá/mamá/hijos), jamás podremos mantener una lealtad horizontal (esposo/esposa). A esto se le conoce en el marco de la terapia contextual como un conflicto de lealtades. En esta dirección, se establece que en un conflicto de lealtades verticales y horizontales, las lealtades verticales siempre absorberán las lealtades horizontales.

RENUNCIAR AL PASADO

Cuando renunciamos al pasado no nos referimos a olvidarlo, más bien estamos hablando de superarlo. El 80% de las emociones que manejamos tienen que ver con nuestra familia de origen, y solo el 20% de lo que sentimos está relacionado a nuestras circunstancias actuales. Cada vez que me enojo, cada vez que me deprimo, cada vez que me visita el resentimiento, la envidia o el rencor, estoy diciendo que no he podido ser capaz de renunciar al pasado. Renunciar al pasado es estar reconciliado con él, es mirar con agradecimiento las experiencias previas, puesto que cuando no renuncio al pasado, me veo condenado a culpabilizar del 100% de mis emociones a alguien que solo es responsable de un 20%.

Tuvimos una pareja de pacientes llamados Juan y María, que apenas llevaban 3 años y medio de matrimonio. La pasaban muy bien cuando salían, tenían una buena vida sexual y social. Pero desde hacía algunos meses, casi un año, la relación había comenzado a manifestar ciertas desavenencias. Juan se había vuelto inseguro y resentido, y María se había tornado un poco desganada, fría y aislada, lo cual Juan a su vez, interpretaba como abandono y falta de afecto. El primero en asistir a terapia fue Juan, por lo regular, son mujeres las que buscan ayuda primero, pero Juan nos escuchó un día en uno de nuestros *Reels* de *Instagram* y se sintió identificado y motivado a escribirnos.

Juan había crecido en una familia muy complicada. Su padre era alguien frío y distante, pero aun así, nunca dejaba de mostrar su amor desde la lejanía. Sus hermanos mayores eran adolescentes y no siempre tenían tiempo para él, lo que hacía que Juan se sintiera solo e incomprendido muchas veces. Era un niño sensible e inteligente, con grandes sueños en el corazón y ganas de luchar por encontrarse consigo mismo.

Cada día se sentaba junto a los árboles de su parque favorito y cerraba los ojos para imaginar todo lo que quería lograr en la vida: ser feliz, tener éxito profesionalmente, formar una familia propia llena del amor incondicional que había estado buscando durante toda su infancia… Pero a medida que pasaban los días volvían aquellas emociones negativas atadas a las experiencias vividas con sus padres: resentimiento, culpa y tristeza. La sensación era como si hubiera algo dentro de él bloqueándole el camino hacia el futuro; como si no pudiese avanzar sin antes soltar todo ese lastre emocional ligado al pasado. Juan siempre fue el último en recibir la atención que necesitaba, tanto por parte de sus padres como por sus hermanos mayores. Sus padres no estaban emocionalmente disponibles para él y lo ignoraban siempre que podían. Esto le provocó muchas inseguridades, frustraciones y tristeza a medida que crecía hasta convertirse en un adulto joven.

Un día, cuando nos escuchó hablar del 80% de las emociones ligadas al pasado, decidió buscar ayuda profesional para lidiar con todos los problemas emocionales acumulados durante su niñez y juventud. Como su terapeuta, se le explicó el concepto de renunciar al pasado: "cuando renunciamos al pasado no nos referimos a olvidarlo; más bien estamos hablando de superarlo". Escuchando esto, Juan se dio cuenta de que el 80% de las emociones negativas con las que convivía tenían relación directa con su familia de origen y solo un 20% eran resultado de su interacción con su esposa María, que de seguro también tenía su propio 80%. Es decir, aquellas situaciones en las cuales sentía resentimiento o rabia eran derivadas del pasado y no del presente, por ello continuaba culpabilizándose y culpabilizando a su esposa sin razón aparente.

Siguiendo los consejos recibidos por su terapeuta, Juan comenzó a practicar la reconciliación consigo mismo mirando hacia atrás desde la perspectiva del agradecimiento, es decir, reconociendo todas aquellas experiencias vividas en su niñez e infancia (incluso aquellas de adversidad) como parte fundamental para moldear quién era ahora; un adulto maduro y equilibrado. Así pues, logró soltar el lastre emocional relacionado al pasado para abrazarse así mismo tal cual era ahora: un ser humano resiliente capaz de amarse incondicionalmente sin culparse excesivamente cuando experimentaba diversidad de sentimientos conflictivos, y mucho menos culpabilizar a María de sus propias emociones.

En el proceso de psicoaprendizaje, se ocupó de conocer más del pasado de su esposa, y se dio cuenta que su alejamiento no era debido a alguna falta de amor, sino a una proyección de la misma.

María siempre había crecido bajo el yugo de los recuerdos de su familia. Los errores que sus padres cometieron, el maltrato desde la infancia, los problemas del pasado perseguían a María como una oscura nube sobre su cabeza. Ella luchaba con emociones como resentimiento, culpa y depresión que parecían salir de la nada, pero en realidad, estaban profundamente arraigadas en ella.

Finalmente cuando María nos visitó en el consultorio, ella también pudo tener una mejor comprensión de las emociones de Juan, y ahora tenía herramientas para acompañarlo en su *Locker Room*. Ahí fue cuando ambos se dieron cuenta que se estaban culpando por una carga de la que eran responsables otros. Aprendieron a lidiar con su 20% lo cual era una carga mucho más ligera y dejaron atrás, junto con sus actores principales, la carga emocional recibida y heredada de su familia de origen. Ahora en el *Locker Room* de Juan y María hay sintonía, y cada vez que tienen que salir a la cancha, pelean solo contra el 20%.

Imagínate que entramos en el *Locker Room* antes de salir a la cancha y, como todos los días, salimos a enfrentar adversidades, ofensas y la realidad social que nos rodea de manera cotidiana. ¿Qué pasaría si antes de salir a la cancha entráramos en competencia contra nuestro compañero de equipo? ¿Qué pasaría si no confiáramos en la capacidad y ayuda que nos proporciona nuestro compañero de equipo? ¿Podríamos ganar el juego apostando en contra de un miembro de nuestro equipo?

El *Locker Room* no es solo el lugar donde nos cambiamos la ropa, es el lugar donde los íntimos me ven sin uniforme, sin rivalidades, tal y como soy. Es probable que antes de salir al escenario alguien me vea llorar en el *Locker Room* y alguien puede darse cuenta que tengo miedo de enfrentar la realidad de la cancha, la ofensiva del equipo contrario. Ese es el momento perfecto para recibir una palmada en la espalda y escuchar la voz de un compañero diciendo "tú puedes, vamos a hacerlo juntos, yo te voy a cubrir la espalda, te voy a defender y no estarás ahí solo".

Siempre habrá en un equipo, alguien que rinde un 30% de efectividad para un partido y siempre habrá alguien que genera hasta un 70%. Y si bien es cierto que en términos de efectividad quién genera un 70% podría verse como superior, su porcentaje jamás será capaz para convertirse de manera autosuficiente en un equipo ganador, porque el 30% que aporta la otra persona es imprescindible para ganar el juego. Es por ello que los mejores jugadores aún luego de ser catalogados por la prensa como el MVP (jugador más valioso), al ser entrevistados muestran agradecimiento y reseñan el gran valor de los aportes que hacen sus compañeros. Al final de todo, después de terminar el juego, hayamos perdido o ganado, siempre regresaremos al *Locker Room* junto a nuestro compañero de equipo. Allí no habrá fanáticos, no habrá prensa, ni habrá contrarios, simplemente el equipo.

El MVP del juego puede ser el que más aporta con su efectividad, pero ningún campeón podrá ganar solo. Detrás de un jugador sobresaliente siempre hay alguien que lleva adelante —aunque sea con un 30%— la misión colectiva para lograr el éxito como equipo; los compañeros le brindan apoyos invaluables en toda competencia y cuando las cosas se complican no es diferente. Al terminar el partido, independientemente del resultado final, abundan las palabras de gratitud entre ellos por haberse ayudado mutuamente buscando lo mejor para cada miembro y su objetivo conjunto: regresar victoriosos hasta nuestro *Locker Room*.

PREGUNTAS PARA CRECER JUNTOS:

1. ¿Crees que el pasado de cada persona afecta su relación de pareja?

2. ¿Qué crees que es importante para superar el pasado y construir un futuro juntos?

3. ¿Cómo manejas el pasado cuando este trae dolor o heridas emocionales?

4. Si tuvieras la oportunidad de cambiar el pasado, ¿lo harías?

5. ¿Qué cosas le agradeces a tu pasado?

Cosas que nos hacen reír

Nuestra canción favorita

Si escribieramos un libro se llamaría

CAPÍTULO III.

COMUNICACIÓN DEL EQUIPO GANADOR

Las relaciones afectivas pueden ser impactadas fuertemente por la forma en la que nos comunicamos. Muchas veces, no consideramos cómo el receptor podría reaccionar al mensaje y ocurren problemas innecesarios frecuentemente causados por malentendidos, tono de voz inadecuado, palabras inapropiadas o falta de claridad en nuestra expresión verbal. Para maximizar los beneficios de un diálogo satisfactorio, los participantes necesitan desempeñarse con comprensión mutua para garantizar entendimiento sin obstrucciones ni confusiones.

Maggie y Kevin eran una pareja casada desde aproximadamente diez años. Se habían conocido en la universidad, donde se enamoraron perdidamente el uno del otro. Todo se veía bien por un tiempo, eran muy felices, hasta que comenzaron a discutir por cualquier pequeña cosa. Al principio pensaron que era algo normal; después de todo eran humanos y tenían sus problemas. Pero pronto descubrieron que los conflictos aumentaban con más frecuencia. Hasta que un día se dieron cuenta, de que las controversias entre ellos eran causadas por la forma en que se comunicaban entre sí: Kevin suele ser muy directo cuando expresa sus opiniones, sin considerar lo frágil que pueden ser los sentimientos de Maggie. Esto provocaba malentendidos e incluso frustración entre ambos.

Un día decidieron asistir a terapia para intentar salvar su matrimonio antes de que fuese demasiado tarde. Su terapeuta les explicó la importancia de comprenderse mutuamente para evitar malentendidos indeseados y facilitar el diálogo satisfactorio dentro del matrimonio. También les aconsejó tratar al otro con prudencia durante las conversaciones para garantizar un nivel adecuado de confianza y respeto mutuo en la relación marital.

Maggie y Kevin escucharon atentamente las lecciones dadas por su terapeuta y empezaron a practicarlas inmediatamente cuando volvieron a casa ese mismo día… Comenzaron usando palabras amables al dirigirse el uno al otro durante sus discusiones, lo cual ayudó enormemente a disipar cualquier tensión existente entre ellos dos. Además, aprendieron realmente a escucharse sin interrumpirse constantemente, ni responder bruscamente ante preguntas complicadas o incómodas, hechas por el otro miembro del matrimonio.

PASOS PARA UNA COMUNICACIÓN EFECTIVA:

1. Conversar sin discutir

Es casi imposible que no funcione una conversación en la que haya palabras blandas y donde se corrija con amor. Si al momento de comunicarte notas que hieres a la otra persona, calla, discúlpate y vuelve a formular tus ideas. Saber reconocer cuando te equivocas y pedir perdón es una virtud. "La respuesta blanda quita la ira, mas la respuesta áspera hace subir el furor". Prov. 15:1 nos recuerda esto; algo tan simple pero difícil de seguir para algunos. A veces es complicado reconocer cuando nuestros pensamientos y acciones han herido los sentimientos de otros, sin embargo, pedir disculpas con corazón sincero ayuda a reducir las tensiones entre la gente y fortalecer sus relaciones interpersonales. Al practicar este comportamiento positivo podemos lograr conversaciones saludables basadas en respeto mutuo y tolerancia ante otras opiniones distintas a la propia. En lugar del furor provocado por las respuestas ásperas, eludamos la confrontación eligiendo un tono más comedido para calmar los ánimos enfrentados.

2. Cómo decir las cosas

Es cierto que las palabras blandas quitan la ira, no obstante, también hay que saber cómo decir las cosas. Hay que saber usar las palabras. Un mismo buen mensaje se puede comunicar de forma asertiva o de forma inconveniente, aun usando palabras blandas. Elige con sabiduría cómo ser prudente y asertivo. En un matrimonio, saber decir las cosas con asertividad puede ser esencial para mantener la armonía. El lenguaje empleado juega un papel importantísimo en cualquier situación de conflicto. Usar palabras correctamente no solo permite expresarse adecuadamente, sino que también ayuda a solucionar mejor los problemas sin perder el control y evitando exageraciones que inciten a empeorar la situación. La clave está en aprender a usar inteligentemente nuestra comunicación verbal. Quiere decir, que no solo usarás un tono adecuado, sino que tenemos el compromiso de emplear las palabras adecuadas para comunicar efectiva y sabiamente la intención que portamos.

3. Podemos luchar contra una idea, no contra la persona

Uno de los grandes errores, es no saber separar las ideas de las personas. En este tenor, podríamos inclusive comunicar nuestra inconformidad con una postura, sin descalificar a la persona que la ha emitido. Es necesario que cuando pensemos en nuestra pareja, siempre tengamos una idea positiva sobre la misma.

El pensamiento positivo es el camino hacia una vida plena y satisfactoria. Dejemos de lado los juegos mentales auto-destructivos, como decirse a nosotros mismo que "no se puede hablar con esta persona" o que cualquier intento en particular sea una "pérdida de tiempo". Estas negatividades no contribuyen al bienestar ni construyen relaciones sólidas e inspiración entre las personas y mucho menos en las parejas. En su lugar, abracemos la energía del optimismo para crecer juntos rumbo a la felicidad.

4. Hable de lo que le molesta con su pareja y deje de lado los resentimientos

Crear una relación con su pareja sin resentimientos es difícil, pero a pesar de eso, hay que mantener la mentalidad de trabajar en ello. La mejor forma para deshacerse del resentimiento es comunicando con honestidad las cosas que les molestan entre ustedes. Esto es particularmente importante porque puedes soltar tu sentencia en lugar de guardar tu rabia y disgusto adentro de ti. Cuando estés listo para hablar con tu pareja, recuerda ser respetuoso de sus propias opiniones y emociones mientras defiendes lo que sientes. Esto ayuda a abrir un diálogo constructivo y profundo para tocar el núcleo de su problema. Si ambas partes se comprometen a estas discusiones honradamente, los resentimientos gradualmente se alejan abriendo paso a una relación saludable y satisfactoria.

5. Escuche activamente

Escuchar activamente a tu pareja, es decir, sin interrumpir, haciendo contacto visual y sin emitir juicios. ¡Eso es lo que hace el psicólogo! Haz lo mismo con tu pareja.

La comunicación entre matrimonios es una base fundamental para construir y mantener un matrimonio satisfactorio durante muchos años. Si quieres mejorar tu matrimonio, aprender a escuchar con atención y actuar con empatía, es esencial. Esto significa establecer contacto visual, evitar interrumpir mientras hablan y resistir la tentación de emitir juicios. Es importante tener en cuenta que lo que hace un buen psicólogo durante sus sesiones de terapia matrimonial, también es aplicable a los matrimonios normales. Ofrecer respaldo incondicional y prestar atención a la suavidad y al amor, es la clave para garantizar un matrimonio saludable y feliz.

6. **Sea respetuoso en sus comentarios y no utilice el sarcasmo ni la ironía**

La psicología matrimonial indica que el sarcasmo y la ironía son comportamientos generalmente destructivos para la relación de parejas. Estas dos formas de comunicación pueden empinar las líneas de relación y generar un ambiente hostil en el matrimonio, lo cual puede tener consecuencias graves a largo plazo. Por esta razón, es importante tener en cuenta que hay mejores herramientas para expresarse con la pareja. La empatía, el respeto y la honestidad son fundamentales para un matrimonio saludable, sobre todo cuando se trata de conflictos. No utilice el sarcasmo ni la ironía al hablarle a su pareja, incluso durante los momentos alegres; utilizar estas formas de comunicación solo arruinarán su matrimonio a largo plazo.

7. **No se cierre a la opinión de su pareja y busque soluciones junto a ella**

El matrimonio puede ser un proceso complejo para muchas parejas. Sin embargo, está claro que es el modelo más antiguo y exitoso en la historia humana porque ha sobrevivido la prueba del tiempo. Para tener éxito en el matrimonio, lo mejor es mantener las líneas de comunicación abiertas y aprender la empatía con tu pareja. El hecho de escuchar sin juzgar, respetar sus opiniones y buscar soluciones conjuntas puede ayudar a ambos a crecer como matrimonio. La investigación muestra que comprender la psicología detrás del matrimonio es esencial para construir relaciones saludables entre ustedes dos, así que no se cierre a las opiniones de su pareja y busquen soluciones para mantener un matrimonio sólido.

PREGUNTAS PARA CRECER JUNTOS:

1. ¿Cómo se puede mejorar la comunicación en una pareja?

2. ¿Por qué es importante la comunicación en la pareja?

3. ¿Qué factores influyen en la comunicación en una pareja?

4. ¿Cómo se pueden evitar problemas de comunicación en una pareja?

5. ¿Qué consecuencias tiene no comunicarse bien en una relación de pareja?

Lugar que nos trae el mejor recuerdo

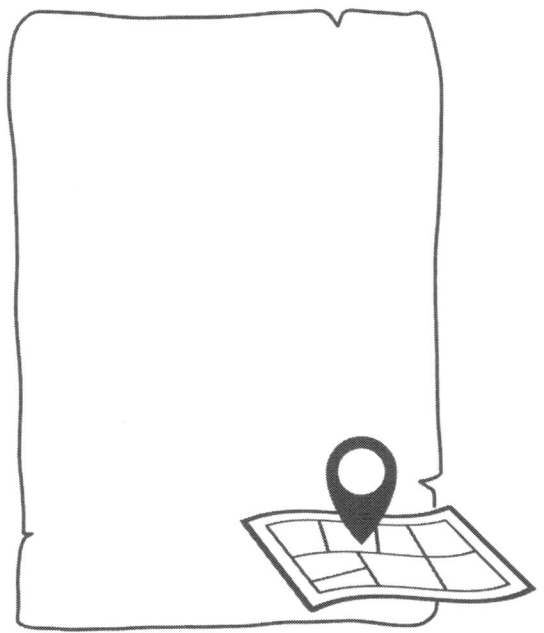

Nuestra última travesura

Lo que haríamos si Hoy fuera día de fiestas

CAPÍTULO IV.

UN EQUIPO SALUDABLE

No sé cuántas veces has visto equipos de cualquier disciplina, reunir dos o más superestrellas, que antes de iniciar el torneo todo el mundo da como ganador, pero las lesiones o enfermedades han frustrado las aspiraciones de todo el equipo.

Los mejores atletas del mundo, no solo son superiores a los demás en destrezas, sino que han logrado mantenerse alejados de las lesiones.

En el torneo del amor, los golpes son inevitables, pero se puede jugar entendiendo que la salud de los miembros de mi equipo, son más importantes que un juego en particular. Es mejor perder un partido que a mi compañero o compañera de equipo.

Sin salud, toda visión estelar de un matrimonio bendecido, se disuelve. Cuando Jesús de Nazareth llamó "Sepulcros blanqueados" a los religiosos, es porque no había integridad. Porque la salud en la relación con Dios no inicia en la devoción, sino en la relación con los que nos rodean. Saulo de Tarso es el ejemplo de un joven celoso de la religión, al que Jesús reprendió por perseguirle. Sin embargo, a quienes estaba persiguiendo era a sus semejantes judíos que seguían el evangelio, como Esteban que fue apedreado en su presencia. Leamos Mateo 23: 27: "¡Ay de vosotros, escribas y fariseos, hipócritas!, porque sois semejantes a sepulcros blanqueados, que **por fuera, a la verdad, se muestran hermosos, pero por dentro están llenos de huesos de muertos y de toda inmundicia"**.

La salud física es imprescindible para vivir felices, es cierto que nuestras energías necesitan fluir robustamente por nuestros cuerpos para llevarnos a la dicha propuesta por un matrimonio feliz. La salud es el medicamento para darnos el valor suficiente para sustentar los tiempos buenos y malos dentro del compromiso de amor honesto de un matrimonio. Sin salud, simplemente no hay ninguna forma alcanzar la plenitud de un matrimonio ganador. Pero no se trata solo de esa salud, hoy es necesario hablar de Salud Relacional.

HABLEMOS DE SALUD RELACIONAL

En el deporte, no podemos garantizar el trofeo si los miembros de mi equipo están lesionados (físicamente). Pero en el matrimonio no podemos garantizar ser el equipo ganador si nuestros miembros están heridos toda la temporada. Heridos por las palabras, por los pequeños pero constantes gestos de desaprobación, descalificación y represión. Estaríamos como los fariseos que por fuera, a la verdad, se muestran hermosos, pero por dentro están llenos de huesos de muertos. Hagamos de nuestros matrimonios algo más que un montón de huesos muertos. Ya basta de sepulcros blanqueados, que tiene buenas carátulas pero muy mal contenido.

¿Cómo podemos desarrollar y mantener salud emocional en nuestra relación de pareja? Esta pregunta es importante para lograr que una pareja dure a largo plazo. Debemos tomar en cuenta cuestiones vitales para lograr la tan ansiada salud emocional entre los miembros de la pareja, como son el respeto, la honestidad mutua y también establecer límites sanos entrelazados con actividades positivas. Lo más esencial de todo sería trabajar conjuntamente en solucionar problemas sin culparse uno al otro, estableciendo que sea la prioridad reconfortarse y comprenderse, evitando erigir una definición única acerca del concepto de salud emocional. De forma individual, debemos contar con auto-preservación para no angustiarnos ni resentirnos; la benevolencia nos permite evaluar de forma tranquila si la situación anormal surge como resultado del trabajo empresarial o individual en disciplinas académicas o independientes (trabajo/voluntariados). Por lo tanto, infundiendo cada quien seguridad en sí mismo podremos ver con un ángulo diferente el rol encontrado entre ambos miembros activando positivamente el campo energético conyugal.

Él individuo debe estar bien, antes que él colectivo. Si la estás pasando mal en la pareja, si no tienes presupuesto emocional, es casi imposible aportar emociones positivas al colectivo, ya que tu balance emocional está sobregirado. Solo podemos dar de lo que tenemos. Es necesario que las partículas del equipo estén sanas antes de casarse, aunque sabemos que la mayoría de nosotros llegamos al matrimonio con inmadurez y sin plena consciencia emocional. Pero aún hay tiempo de desarrollar la agilidad emocional y a madurez individual para poder aportar emociones positivas a la cuenta que ambos tenemos en común.

Si ambos esposos están sanos emocionalmente, hay todas las posibilidades de ganar. Pero luego de la salud individual, hay que trabajar en la salud emocional del equipo. Michael Jordan, inmortalizó la frase: "Los jugadores buenos ganan partidos, pero los buenos equipos ganan campeonatos". Y tiene toda la razón, si las relaciones entre individuos aparentemente sanos, no son saludables, nunca podrán ponerse de acuerdo contra un equipo contrario, absolutamente sincronizado para aplastarnos.

Los hombres por tradición se enfocan todo el tiempo en la salud financiera, en la estabilidad económica, en que los hijos tengan las mejores oportunidades para estudiar y desarrollarse en un mundo competitivo. Eso hay que aplaudirlo y honrarlo, pero no es suficiente. Las mujeres por su lado, viven preocupadas por el tema del cuidado, ya sea personal y estético, como también el cuidado y la protección de su manada. Es una especie de águila cuidando sus polluelos, lastimosamente dentro de los polluelos se encuentra su esposo. Eso también es digno de loar, pues ella siente la responsabilidad de ser la muralla de contención y alarma de su ciudad familiar. Sin embargo, eso tampoco es suficiente.

Es necesario que haya salud relacional. Es decir, que debe existir un contrato emocional que responda a las necesidades de las partes contratantes. Para que haya salud relacional se volverá imprescindible responder a las expectativas individuales de cada uno de manera recíproca. Es ponerse de acuerdo en el "toma y daca", en no darte lo que quiero que tú me des, si no lo que esperas que yo te dé. Obviamente, hay que resaltar que dentro del contrato existirán expectativas de una parte y límites de la otra. Es decir, que mi pareja podría estar esperando algo de mí que yo no quiero ofrecer y viceversa, ella podría no querer ofrecer algo que yo estoy demandando. Es ahí precisamente donde muchos matrimonios se estancan, porque dejan esos puntos ciegos al tiempo, a Dios, al universo, a las estrellas y a cualquier otra entidad que no sean ellos mismos. Pero es un error esperar que, alguna divinidad, se ocupe de algo que es nuestra responsabilidad en términos de salud relacional.

¿Qué se puede hacer con eso que esperas pero yo no estoy dispuesto a ofrecer? ¿Qué se puede hacer con eso que quiero recibir pero ella no estás dispuesta a dar? ¿Es posible continuar en una relación con esas diferencias? La respuesta es sí, se puede. La pregunta no es si se puede, sino ¿cómo? Para eso existen los contratos, para hacer addendums y modificaciones, adaptaciones a la ley porque una o más de las partes tiene una demanda especial. A eso se le llama negociación, y solo los equipos ganadores y las parejas con agilidad emocional son capaces de negociar aquello que no tienen en común, pero que estamos dispuestos a ponernos de acuerdo. A esto lo llamaremos el poder del acuerdo. Las parejas con espíritu ganador tienen esa capacidad de ponerse de acuerdo. De aprender, e inclusive, a disfrutar de sus intereses antes diferencias.

La biblia dice: "¿Cómo andarán dos juntos si no estuvieran de acuerdo?". La mayoría de las parejas no fracasa porque tienen diferencias, fracasan porque nunca supieron ponerse de acuerdo respecto de ellas. Otro concepto bíblico sobre un equipo, es este: "Un reino dividido no prevalece". La mayoría de las parejas no fracasa porque son de diferentes países, porque crecieron en diferentes culturas y religiones, sino porque uno o ambos careció de la capacidad de negociar.

¿Qué es negociar en la pareja?

Negociar en la pareja es definir y redefinir nuestros roles en el equipo; si ambos jugamos la misma posición de seguro existirá una carencia en el equipo. Recuerdo cuando dos jugadores que jugaban la misma posición fueron contratados por el mismo equipo. El nombre de los jugadores de béisbol son: Derek Jeter y Alex Rodríguez. Hasta ese momento, Alex Rodríguez ha sido el jugador mejor pagado de la historia. Y el equipo de los *Yankees* lo contrató, pero ya tenían a Derek Jeter en la posición que él jugaba. Entonces se pusieron de acuerdo, y Alex en vez de jugar *shortstop*, se movió a la segunda base. Lo cual se convirtió en una fortaleza para el equipo de los *Yankees*, porque tenía dos superestrellas haciendo muralla, para que prácticamente ninguna bola pudiera pasar por esa zona del estadio de pelota. Imagínate que Alex Rodríguez hubiese dicho: "si no es en esa posición, entonces no voy a jugar". Sencillamente la guerra de egos, el orgullo y la envidia no les habría permitido ser un equipo ganador. Igual ocurre en el equipo conyugal, hace falta ponerse de acuerdo, negociar los puntos encontrados, las opiniones, los roles e inclusive, respetar las creencias particulares.

Lo mismo ocurrió en él año 2010, cuando Lebron James decidió llevar su talento desde *Cleveland Cavaliers*, hasta los *Miami Heat* de Pat Riley y Dwayne Wade. El éxito de este equipo estuvo en que, al revés de lo que ocurrió en los Yankees, el veterano Wade decidió convertirse en escolta de Lebron, en dejarle ser la mayor estrella, por su condición y juventud. Eso es inteligencia emocional. Entendiendo que los resultados del equipo son más importantes que mis intereses particulares.

Recordemos que Juan el Bautista, el profeta más importante del Nuevo Testamento, expresó: "Es necesario que yo mengue, para que Él crezca". Los dos no podemos ser cabeza del hogar. Nuestra relación es simétrica, o sea, en igualdad, pero a la vez maneja un nivel de complementariedad. Obviamente esto debe ir más allá del género sexual. Por ejemplo: en nuestro matrimonio, Lenny no es la cabeza del hogar porque es hombre, sino que él es líder en todas las áreas en las que dentro de las inteligencias múltiples, más puede aportar. En esas mismas áreas, Roxanna será una jugadora de rol (rol player), que sin su buen funcionamiento, se perdería el partido. Sí, creemos todo lo que dice la Biblia, pero entendiendo su contexto, pues Roxanna es más organizada que Lenny, Roxanna es ampliamente mejor para resolver problemas tecnológicos. En esas áreas, sería muy torpe que el manager del equipo pusiera de capitán a Lenny; en esas situaciones, Roxanna es la cabeza del hogar.

Muchos matrimonios tampoco han entendido que, un hombre dado a los vicios, sin el Espíritu de Dios, no puede ser el sacerdote, ni la cabeza, sino que está llamado a serlo. Pero mientras tanto, el liderazgo espiritual, emocional, financiero y social, lo debe llevar la mujer que teme a Dios, la mujer virtuosa, la mujer resiliente y devota.

PREGUNTAS PARA CRECER JUNTOS:

1. ¿Qué importancia tiene la salud física y emocional de una persona para el resto del equipo?

2. ¿A qué se refiere la salud relacional?

3. ¿Qué significa negociar en la pareja?

4. ¿Quién es la cabeza de tu equipo?

Lo que tenemos en común

Lo que deseamos repetir

Nuestros últimos mensajes de texto

Tú:

Yo:

Tú:

Yo:

CAPÍTULO V.

CÓMO CRECER FINANCIERAMENTE Y EMPRENDER EN PAREJA

Cuando dos personas deciden seguir adelante con la vida en común, es esencial tener en cuenta, cuanto antes, la importancia de hablar de dinero, objetivos, etc. El hecho es que, centrarse en la planificación financiera de la pareja, garantiza que la relación de dos sea algo más seguro, sostenible y saludable.

Al fin y al cabo, muchas parejas se pelean e incluso se separan, no por falta de admiración o amor, sino por las dificultades financieras que surgen y se hacen insostenibles con el paso de los años. Entonces, si hay alguna posibilidad de evitar este tipo de desgaste en la relación, ¿por qué no invertir en una estrategia de finanzas de pareja, verdad?

La planificación ofrece la oportunidad de alcanzar objetivos individuales y de pareja. ¿Te interesa? Entonces, ven con nosotros y aprende factores esenciales para las finanzas de la pareja. ¡Además de 9 consejos para aplicar en casa!

PLANIFICACIÓN FINANCIERA DE LA PAREJA

A algunas parejas les resulta más difícil hablar de dinero, sobre todo cuando la agenda implica compartir algunos gastos o comprar algo juntos. Sin embargo, cuanto antes superen los dos este reto, mejor será el resultado de la planificación financiera de la pareja.

Sería ideal empezar a hablar de dinero y observar los hábitos de la persona con la que se mantiene una relación, desde el noviazgo. A medida que la relación madure y piensen en la idea de casarse, debiera considerarse la posibilidad de hacer la planificación financiera de la pareja previa al matrimonio. Claro que, si no se hizo dicha planificación en la etapa prematrimonial, el tiempo actual, es decir hoy, es el mejor momento para iniciar una reestructuración financiera en el holón marital. Inicia aquí y ahora, tu camino hacia una salud financiera que producirá y ayudará a mantener la libertad y la paz financiera de la familia.

9 CONSEJOS DE PLANIFICACIÓN FINANCIERA PARA PAREJAS Y CÓMO CONVERTIR A MI MATRIMONIO EN UN EQUIPO GANADOR

1. Conocer los ingresos

Suena fácil y obvio, pero, ¿sabía usted que la mayoría de las parejas que fracasan financieramente, no saben cuánto entra o sale al alfolí familiar? Muchas parejas se ilusionan con la vida en común: casa, vehículo, fiesta de boda, acontecimientos sociales. Todo ello supone un reto para la planificación financiera de la pareja. Al sumar los ingresos, no podemos subestimar los gastos, que también se duplican. Por eso, muchas parejas acaban gastando demasiado y endeudándose con dificultad.

Por lo tanto, hay que conocer los ingresos de la pareja y fijar un techo de gastos y el destino adecuado para el dinero. Cosa que solo se logra con transparencia de ambos y con vigilancia constante de cualquier cambio que disminuya o incremente el ingreso general de la empresa familiar.

2. Tener un presupuesto familiar

Teniendo en cuenta los ingresos de la pareja, será más fácil determinar el presupuesto. Para ello, suma todas las entradas financieras e incluso, ten en cuenta las pequeñas cantidades y los ingresos extras. A continuación, divide los valores en categorías, las esenciales:

- Vivienda; sea renta o préstamo hipotecario. Y todo gasto relacionado con el aspecto residencial.

- Alimentación; tanto lo que cocinamos o comemos en casa, como lo que comemos fuera de ella.

- Indumentaria, vestimentas y accesorios.

- Transporte, gasolina, millas, vuelos, etc.

- Educación.

- Entretenimiento.

En esta división, es relevante contar el mínimo y el máximo para cada tipo de gasto. Al dividir los valores, podrá ver cuánto puede gastar al mes en cada área, estimulando así la economía para evitar salirse del presupuesto. Vale la pena establecer una tabla compartida para seguir de cerca esta planificación.

3. Enumerar los objetivos comunes

Tener una planificación financiera de pareja no significa que ambos tendrán que hacer todo juntos y perder su libertad. Al contrario, esta práctica puede ser incluso un impulso para que puedan, juntos e individualmente, alcanzar grandes metas. Adquirir una vivienda, por ejemplo, puede hacerse mediante una compra conjunta de bienes.

Así que hablen de sus intereses y hagan una lista de los objetivos de cada uno. Elaboren presupuestos y planes para que puedan alcanzar cualquiera que sea el objetivo de la pareja y el objetivo particular de cada uno. Esta estrategia garantiza que los sueños de cada uno se hagan realidad y evita frustraciones.

4. Establecer prioridades

Para evitar gastos innecesarios, es fundamental que los cónyuges establezcan prioridades en función de su realidad financiera y tengan en cuenta a qué no renunciarían de ninguna manera. Para algunos, tener una mascota es esencial, pero para otros, asumir ese gasto puede quitarles la paz y estropear la armonía.

La prioridad puede ser saldar y evitar las deudas. Establecer este parámetro es el primer paso para tomar los pasos posteriores. Al establecer las prioridades, piense en sus objetivos a largo plazo y en sus ingresos actuales. Así, ambos se sienten contemplados a lo largo de la relación, ya que las prioridades están equiparadas.

5. Defina cómo se distribuirán los gastos

Esta práctica de compartir los gastos de la pareja sin que haya peleas, es una de las utopías contemporáneas, sobre todo cuando una de las partes tiene un sueldo o ingreso más alto que el otro. Por eso, es fundamental que tengan la máxima transparencia y la mentalidad de que el dinero ya no es de uno o de otro.

Dividir los gastos por la mitad, cuando uno es responsable del 60% de los ingresos de la pareja, no es la forma más justa de dividir. Algunas parejas reparten los gastos proporcionalmente, y así evitan la desigualdad financiera. Otra alternativa es ver los gastos y los ingresos sin divisiones, y que el excedente lo disfruten ambos por igual. En nuestro caso, escogimos la última alternativa.

6. Disponer de una reserva de emergencia

La reserva de emergencia es una seguridad para la pareja, en caso de pasar, por ejemplo, por fases de traslado profesional, problemas de salud o tener que activar el seguro del carro, sin comprometer el presupuesto familiar. Pero hay que tener en cuenta que esta reserva es realmente para gastos imprevistos.

Por lo tanto, solo vale la pena retirarla en situaciones de emergencia. No la utilices para viajes de ocio o para cambiar de carro, por ejemplo. La reserva de emergencia puede estar en una cuenta de inversión conjunta de la pareja y los dos tienen acceso al control y a las aportaciones.

7. Realizar inversiones financieras

Invertir el dinero de la pareja es una forma práctica de mejorar su nivel de vida, alcanzar objetivos más rápidamente y también protegerse para el futuro. Por eso, hay que estudiar los tipos de inversiones y fijarse objetivos para cada una de ellas como: viajar, cambiar de carro, alcanzar la jubilación. Los consorcios, las asociaciones financieras y/o las cooperativas pueden ayudar a conseguir casi todos estos objetivos.

Esta práctica es estimulante para que ambos puedan ahorrar y buscar nuevas formas de ganar más dinero, como también obtener un ingreso extra.

8. Definir valores para gastos superfluos

Hay quien aboga por reducir los gastos superfluos. En este caso, lo ideal es tener una cantidad estimada en el presupuesto familiar para que la pareja pueda gastar en algunas cosas superficiales, como comprar una cartera, un accesorio para el vehículo o un traje de ropa nuevo. Cuando la pareja tiene cuentas equilibradas y es capaz de estipular un margen para este tipo de gastos, la práctica es bastante saludable y ayuda con pequeños logros a mantener a la pareja en mejor estado de ánimo. Pero hay que intentar respetar los límites y, cuando sea necesario, estos gastos serán los primeros en recortarse.

9. Invertir tiempo en hablar de dinero y en educación financiera

Por último, mantenga regularmente una conversación sobre la rutina financiera de la pareja y revise gastos y objetivos tantas veces como sea necesario. Esta es la mejor estrategia para superar las crisis financieras, cerrar el presupuesto en verde y también ahorrar e invertir con inteligencia.

Después de todo, las "reglas" deben ser seguidas por ambas partes. Muchas veces, es necesario recordar los acuerdos e incluso hacer reajustes. De lo contrario, la infidelidad financiera puede convertirse en un problema entre la pareja. El hecho de vivir juntos y compartir la vida financiera tiene que ser algo coherente y cómodo para ambas partes.

INVIRTIENDO PARA GANAR

Establecer las finanzas de la pareja no es necesariamente una tarea fácil. Al fin y al cabo, todo depende de cómo cada uno de los miembros de la pareja logre relacionarse entre sí y con su propio dinero. Además, hay que tener en cuenta el tipo de educación financiera que tuvieron, las dificultades y facilidades por las que pasaron y, sobre todo, los objetivos de cada uno. Es un ejercicio que debe practicarse con regularidad, para que la pareja pueda tener éxito en sus planes.

Por lo tanto, es importante considerar inversiones que apoyen el sueño de ambos, pero que no traigan más deudas que ganancias.

5 CONSEJOS PARA EMPRENDER COMO EQUIPO MATRIMONIAL

Gestionar una empresa familiar es uno de los mayores temores de los casados; la mayoría de las parejas no encuentran el camino para lograr convertir su pareja en una máquina de producir bienes y riquezas. La mayoría tiene buenas ideas, saben que podrían prosperar y crecer juntos. Pero ¿por qué aun así, sabiendo que pueden alcanzar más juntos que separados, siguen apostando a lo individual? Hay infinidad de factores, pero voy a mencionar una: muchas personas no saben cómo delimitar las relaciones profesionales y afectivas. No es que una tenga que estar necesariamente desconectada de la otra, pero debe haber límites.

Por ejemplo, una pareja emprendedora puede tener dificultades para desarrollar un negocio de éxito sin que surjan desacuerdos. Estas ocasiones suelen deberse a la falta de gestión de las actividades de cada persona en la empresa.

Una pareja emprendedora necesita trabajar como pareja, pero no solo ser una pareja trabajando. En otras palabras, emprender un negocio en pareja requiere tantos sacrificios como montar un negocio en solitario y a esto sumarle, la capacidad de hacer equipo, jugando cada uno la posición que le corresponde, según las reglas que ambos se han propuesto.

Para ser un equipo ganador de dinero, hace falta compromiso, amor y propósito. Poner y mantener las reglas claras, los roles delimitados y una actitud proactiva de todos los jugadores del equipo.

Consejo 1. Encontrar un propósito común

De nada sirve abrir una empresa familiar si no hay un propósito común y cada uno juega un papel importante y particular para lograrlo. Por ejemplo, si una pareja decide abrir una tienda de artículos de playa (propósito común), pero a una de las personas no le gusta ocuparse directamente de la venta, sino de la contabilidad (rol individual), es este potencial el que debe explorarse.

Darse cuenta de que cada uno tiene individualidades, siempre y cuando sean complementarias, es un identificador de posible crecimiento de la empresa, ya que cada uno compite por la función de manera directa.

Consejo 2. Asignar actividades

Además de encontrar un objetivo común, asignar actividades es una tarea esencial para evitar la sobrecarga de funciones. Cuando los puestos no están bien definidos, es posible que una persona crea que hace más que la otra.

Aunque no sea cierto, cuando no existe una jerarquización de los puestos, es probable que surjan peleas infundadas, solo por la falta de definición. En esta dirección, nosotros recomendamos que la jerarquía de roles no se defina por el que más edad tiene, ni por un género sobre el otro, sino por la capacidad de cada jugador del equipo conyugal.

Por ejemplo: como siempre decimos, sabemos que la recomendación paulina, es que el hombre sea cabeza del hogar, a lo cual no nos oponemos en nada. Sin embargo, cuando se trata de proyectos, las capacidades individuales son las que deben definir quién tiene más pericia en esta área o aquella. En nuestra pareja, la esposa gestiona mejor la parte financiera, la parte organizacional y muchas más. Por lo tanto, no debe ser esto una regla en su pareja, sino las capacidades y la inteligencia emocional y financiera que los miembros posean.

Si yo fuera a reclutar a una persona para ocupar un puesto y tuviera entrevistas con 3 aspirantes, lo más correcto sería tomar a esa persona que puede tener un mejor desempeño en el puesto. Lo mismo debe ocurrir en una pareja para convertirse en un equipo ganador.

Consejo 3. Establecer límites

Al igual que quienes tienen un negocio en casa, quienes emprenden en pareja necesitan establecer límites. No solo ligados al sentido territorial, para que cada uno pueda cultivar su individualidad de forma saludable. En otras palabras, establecer límites incluso en el trato, es un punto clave para el éxito o el fracaso del negocio. Los empresarios están directamente relacionados con las fluctuaciones de los ingresos, la resolución de problemas, la creatividad, etc.

Por lo tanto, es necesario desarrollar una relación profesional y afectiva en comunión, respetando cada uno el espacio del otro.

Al fin y al cabo, los negocios son los negocios. Y créame, el matrimonio es un gran negocio. No se abrume por cómo hemos etiquetado al sagrado vínculo conyugal. Al fin y al cabo, todo es un negocio, el mismo Jesús declaró a sus padres terrenales, José y María, que "En los negocios de su Padre (celestial) le conviene estar". Entonces, no se sienta mal por hacer buenos negocios en pareja. Al final de la jornada, usted nunca invertirá más dinero en carros o ropas, que en su familia, por lo tanto, esas inversiones deberían devenir en grandes beneficios económicos. Así piensan los japoneses, chinos, coreanos y judíos… la familia es una empresa, los padres trabajan para los hijos, pero los hijos trabajan para los padres. Sino pregúntese, ¿con quién y para quién trabajó Jesús hasta sus treinta años? ¿Has visto algún chino o japonés trabajando en *Walmart*? No, la cultura asiática ve a la familia como una empresa que no para de producir riquezas y abundancia.

Consejo 4. Motivación

Muchas parejas emprendedoras no consiguen ganar dinero porque empiezan con ilusión, no con motivación. Aunque se confunden fácilmente, la ilusión y la motivación tienen significados diferentes. La ilusión está ligada a la expectativa y al deseo, pero la motivación está ligada al propósito. Por eso, la ilusión se tiene pero la motivación se mantiene, la ilusión se sueña mientras que la motivación se cultiva.

Consejo 5. Protección

A veces, algunas parejas emprendedoras quiebran, y el mayor problema suele ser la mala gestión de los recursos. Por ende, la pareja que emprende debe ser consciente y blindarse lo mejor posible contra este riesgo, creando, por ejemplo, una reserva de energía e incluso buscando otras fuentes de ingresos para reducir este riesgo.

Para impulsar el negocio de una pareja emprendedora, es necesario estimular conscientemente la motivación mutua, abordando también los problemas reales. Dos cabezas piensan mejor que una, pero ambas deben estar alineadas y presentes.

PREGUNTAS PARA CRECER JUNTOS:

1. ¿Cuáles son los indicadores de que un matrimonio goza de buena salud financiera?

2. ¿Existen señales de alarma cuando se trata de la salud financiera de un matrimonio?

3. ¿Cómo pueden trabajar las parejas para mantener una relación financiera sana?

4. ¿Qué cosas pueden dañar la salud financiera de un matrimonio?

5. ¿Cómo cree que deben gestionarse las finanzas en un matrimonio?

Me hubiese gustado tener una foto de este momento

Nuestro plato favorito

El negocio que soñamos

CAPÍTULO VI

CÓMO MANEJAR CONFLICTOS EN EL EQUIPO

A pesar de que todos los matrimonios tienen sus altibajos, hay momentos en que el conflicto parece inevitable. La forma en que se gestiona este conflicto, sin embargo, es la clave para mantener un matrimonio saludable y feliz. La investigación ha demostrado que las parejas que manejan el conflicto de una manera constructiva están más satisfechas con sus matrimonios y tienen menos probabilidades de divorciarse. Si bien no es fácil evitar completamente los problemas, hay algunas cosas que se pueden hacer para ayudar a gestionarlos mejor. Exploraremos algunas de estas estrategias y ofreceremos consejos prácticos para ayudar a las parejas a lidiar mejor con el conflicto en su matrimonio.

¿QUÉ SON Y CÓMO SE FORMAN LOS CONFLICTOS?

Un conflicto de pareja es cuando dos o más personas que están relacionadas entre sí difieren en opiniones, actitudes, valores y/o intereses. Estos conflictos pueden manifestarse entre cualquier tipo de parejas, incluyendo aquellas formadas por familiares, amigos íntimos u otros miembros de la comunidad. Los conflictos de pareja a menudo surgen a partir de situaciones cotidianas, como las finanzas, el trabajo, los niños o incluso el tiempo libre. A menudo son la fuente de resentimiento si no son gestionados adecuadamente.

Las principales causas de los conflictos de pareja están relacionadas con la comunicación, los roles, las responsabilidades compartidas, las expectativas incumplidas, las diferencias culturales o religiosas, el aislamiento social o emocional, la falta de compromiso o aceptación por parte de uno de los miembros de la pareja sobre sus faltas y problemas relacionados con el consumo de alcohol. Además, algunos conflictos pueden surgir simplemente debido a la falta de habilidad para negociar y gestionar problemas.

Negociar y gestionar problemas entre los miembros de la pareja requiere comunicación eficaz, paciencia, respeto mutuo y compromiso. Al hablar, es importante que los dos se escuchen el uno al otro sin interrumpirse ni ser críticos. Asegúrate de que tanto tú como tu pareja entiendan claramente la perspectiva del otro para llegar a un acuerdo satisfactorio. Es posible negociar algunos cambios en los roles dentro de la relación para mejorar su dinámica. Además, trabajen juntos para encontrar soluciones a largo plazo a sus diferencias y problemas. La colaboración es clave para lograr un equilibrio saludable en la pareja.

Los conflictos más difíciles en una relación pueden venir de problemas con la comunicación, el desacuerdo sobre la vida y los roles dentro del matrimonio, la falta de honestidad y confianza, el estilo de crianza diferente para los hijos, el abuso verbal o físico y la infidelidad. Estos conflictos pueden ser especialmente dañinos si no se abordan adecuadamente. La solución a estos problemas requiere que ambas partes tomen medidas específicas para restaurar la confianza, mejorar la comunicación y reconciliarse con sus diferencias.

¿CÓMO SE PUEDE RECONSTRUIR LA CONFIANZA?

Reconstruir la confianza en tu matrimonio es un proceso desafiante, pero totalmente posible. La clave para la restauración de la confianza es tomar una decisión consciente de perdonar y dejar atrás el pasado, al mismo tiempo que se esté abierto al crecimiento personal y mejora. Aquí hay algunos consejos sobre cómo reconstruir la confianza en tu matrimonio:

1. Escucha a tu pareja sin estar a la defensiva cuando hablen de su dolor o sus sentimientos heridos.

2. Pide perdón por cualquier acción equivocada y asume responsabilidad por tus actos.

3. Haz un compromiso para reconstruir la relación ladrillo a ladrillo sobre una base sólida de confianza.

4. Reconoce las inseguridades de tu pareja mostrando comprensión y empatía por sus sentimientos.

5. Mejora tu estilo de comunicación para que puedas expresarte mejor sin lastimar los sentimientos del otro.

6. Acepta las solicitudes de reparaciones por parte de tu pareja y trabaja juntos para resolver cualquier problema que surja en el futuro.

7. Conoce tus límites y respétalos, así como los límites de tu pareja, para que los dos se sientan satisfechos y seguros nuevamente en la relación

¿CÓMO SUPERAR EL PASADO Y PERDONAR A MI PAREJA?

Superar el pasado y perdonar a la pareja requiere tiempo, comprensión y comunicación. Es importante trabajar juntos para establecer un ambiente de respeto y entendimiento. Esto significa que los miembros de la relación deben evitar culpar al otro por el pasado, estar abiertos a hablar acerca de lo que sucedió sin juzgarse mutuamente y encontrar soluciones prácticas para superar el pasado. Luego, es necesario mostrar generosidad y perdón hacia la pareja, evitando traer situaciones del pasado para reprocharse en el presente. Finalmente, ambas partes deben comprometerse a seguir adelante con su relación y construir un futuro juntos basado en confianza y amor.

COMPROMETERSE CON LA RELACIÓN

Para construir un futuro juntos, es importante que ambas partes establezcan compromisos para mejorar la relación. Esto significa establecer pautas en las que ambos se sientan con la confianza de expresarse abiertamente sin miedo a ser juzgados, invertir tiempo y energía para mejorar el amor y respeto entre los dos, apoyarse mutuamente incondicionalmente y priorizar el bienestar de la relación. Cuando hay un compromiso genuino de parte de cada uno, cualquier cosa es posible si ambos están dispuestos a trabajar juntos para lograrlo.

Para construir compromiso entre los miembros de la relación, es importante establecer planes concretos que mejoren el amor y respeto mutuo. Esto significa desarrollar tiempo juntos para hablar sobre temas importantes, encontrar maneras creativas para solucionar problemas, e invertir en actividades al aire libre que ayuden a conectarse con la naturaleza. Establecer un plan de acción específico en el cual ambos se sientan comprometidos a trabajar juntos para mejorar la relación también puede ser útil. Si ambos se comprometen honestamente a trabajar hacia el mismo objetivo, entonces cualquier cosa es posible.

MI PAREJA ME DIJO QUE YA NO ME AMA

Escuchar a tu pareja decir "ya no te amo" puede ser difícil, pero es importante tener en cuenta que cada relación evoluciona de maneras diferentes y que solo tú sabes lo que es mejor para ti. Si la química ha desaparecido entre los dos, siempre hay la opción de tomar un descanso o buscar ayuda profesional para explorar lo que realmente funciona para ambos. Establecer diálogos abiertos en los que, el amor y el respeto, estén presentes y son cruciales para lidiar con este tipo de situaciones y permitirle a ambas partes encontrar una solución óptima.

Si tu pareja te dice que no siente nada por ti, es importante tomar tiempo para entender dónde está la raíz de este sentimiento. Conversar honestamente y explicar los motivos por los cuales realmente quieres estar en una relación juntos puede ayudar. Si tu pareja aún se niega a sentir algo, hay varias cosas que puedes hacer para mejorar tu situación. Establecer tus propios límites, comunicarse claramente y ser comprensivo son todos pasos excelentes para mantener la relación saludable y trabajar juntos hacia un acuerdo mutuamente beneficioso.

Mientras las cosas no estén claras, nuestra recomendación es buscar ayuda e intervención profesional. Sugerimos a los hombres regalarse la oportunidad de hablarlo en un ambiente terapéutico. Por lo regular, las mujeres hacen eso con mayor facilidad que los hombres. Muchos hombres enfrentan una presión adicional para mostrarse fuertes frente a las situaciones difíciles y creen que buscar ayuda terapéutica es un signo de debilidad. Esto puede significar que los hombres tienen menos probabilidades de buscar ayuda cuando están teniendo un conflicto de pareja, ya que pueden sentirse avergonzados de pedir asistencia. Sin embargo, hay muchas ventajas a la hora de buscar apoyo profesional cuando se trata de relaciones saludables: ser mejor amigo, comunicarse claramente con tu pareja y comprenderse mejor son solo algunos ejemplos. La búsqueda de asesoramiento terapéutico puede ser un paso importante hacia resolver conflictos y lograr una relación más satisfactoria para ambos individuos.

MI PAREJA ME PIDIÓ EL DIVORCIO, ¿CÓMO PUEDO EVITARLO?

Antes de intentar detener un divorcio con tu pareja, es importante valorar por qué estás en este punto y trabajar juntos para determinar si hay alguna forma en la que puedan salvar la relación. Primero, es importante tomarse el tiempo para hablar con honestidad y abrirse el uno al otro sobre sus sentimientos. Es posible que tengas que buscar apoyo profesional de un terapeuta para ayudarte a entender cómo funcionan los conflictos dentro de tu relación. Los profesionales capacitados pueden ayudar a las personas a reconocer patrones dañinos e identificar áreas en las que mejorar. Las herramientas adquiridas durante las sesiones pueden ayudarlos a lidiar con situaciones difíciles de manera más saludable y permitirles comprenderse mejor mutuamente como resultado.

NO SE CANSÓ DE AMARTE, SE CANSÓ DE ODIARTE

La interpretación que le damos a esas palabras de abandono, es que ya la persona se cansó de quererme, que ya no siente nada por mí. Pero nada más falso, esa persona está tan herida que se siente cansada de odiar algo negativo en la persona que ama. Se casó para amarte, pero de alguna manera hay cosas de ti que ella o él odia. No es un sentimiento a la persona, por eso ha aguantado tanto, es un sentimiento hacia esa conducta que le hiere y le angustia. No se cansó de amarte como pareja, se cansó de sentir odio por esas cosas que dañan la relación más importante de su vida. Este odio no debe tomarse como un ataque a uno mismo; más bien, puede proporcionar una poderosa oportunidad para trabajar juntos y fortalecer su relación encontrando soluciones saludables.

LE FUI INFIEL A MI PAREJA... ¿AHORA QUÉ HAGO?

Cuando has sido infiel a tu pareja, es importante que asumas la responsabilidad de tus actos. Puede ser difícil confesar lo que has hecho, pero es esencial para el proceso de curación y para restablecer la confianza en la relación.

El primer paso es asumir la responsabilidad de lo ocurrido. Esto significa reconocer que lo que hiciste estuvo mal y que perjudicó a tu pareja. Es importante ser honesto sobre el incidente y expresar remordimiento por tu comportamiento.

El siguiente paso es hablar abiertamente con tu pareja sobre lo ocurrido. Háblale de por qué actuaste de un modo que quebrantó la confianza y pídele perdón. No intentes minimizar o racionalizar lo sucedido. Tienes estar dispuesto a responsabilizarse de sus actos y del dolor que ha causado.

Cuando intentes recuperar la confianza, es importante que seas lo más transparente posible. Guardar secretos o seguir ocultando información, solo empeorará las cosas a largo plazo. También debe estar dispuesto a responder a cualquier pregunta que él o ella pueda tener, incluso si es difícil. Sí, tendrá preguntas, ¡muchas!

Por último, es importante tomar medidas para reconstruir la confianza que se ha roto. Esto puede incluir mostrar tu compromiso con la relación a través de pequeños gestos, como ser más cariñoso o dedicar un rato del día a pasar tiempo de calidad en pareja. También debes estar dispuesto a perdonarte a ti mismo y a superar esta experiencia para restablecer la confianza perdida.

No será fácil recuperar la confianza después de haber sido infiel, pero es posible. Se necesita el compromiso de ambos miembros de la pareja y un deseo sincero de avanzar de forma positiva. Con paciencia y comprensión, una relación puede sobrevivir incluso después de una infidelidad.

PODEMOS RESUMIR ESTO EN UNA FÓRMULA DE TRES PASOS

Habla + Responsabilízate + Comprométete

1. Hablar: ¿por qué hablar es lo primero? Porque tú y tu pareja lo necesitan. La distancia, los secretos y el silencio, nunca conducen a la sanidad. Siempre terminan en lo peor. El primer paso es hablar con tu pareja sobre lo ocurrido. Es importante ser honesto con tu cónyuge sobre lo ocurrido y por qué ocurrió. Esto ayudará a iniciar el proceso de recuperación de la confianza.

2. Responsabilízate: no te excuses, no culpes a nadie más. Este es un momento para ser responsable y admitir la parte que te corresponde en el hecho. Excusarte se interpretará como una falta de respeto a la inteligencia de tu pareja y culpar a otros es una especie de victimización que le quita validez a tu argumento. En cambio, admitir tu responsabilidad, no tu culpa, generará la sensación de que le estás siendo honesto y aunque esa persona esté herida, te reconocerá (aunque no lo diga), tu capacidad para ser una persona sincera.

3. Comprométete: los dos pasos anteriores sin este, no servirán por mucho tiempo. Quizás con los dos primeros le convenzas, pero para cambiarte a ti y a la relación, hace falta algo más que hablar y admitir. Es necesario que te comprometas. No nos referimos a prometer y jurar una lista de cosas que vas a hacer o dejar de hacer, pues lo que más le dolió a tu pareja no fue que hayas estado con alguien más. Es que rompiste un compromiso. Por dicha razón, este es el paso más importante. Establece un compromiso con esa persona que amas, pero más aún, comprométete contigo mismo.

¿QUÉ HACER CUANDO ALGUIEN ME HA SIDO INFIEL Y CÓMO SUPERARLO?

La infidelidad es un comportamiento con el que se traiciona la confianza o el compromiso que hay entre dos personas en una relación. Generalmente implica alguna forma de relación romántica o sexual con otra persona fuera de la relación. Esto puede ser muy dañino para la relación, ya que lacera la confianza entre los miembros de la pareja. Si bien muchas veces es difícil superar una experiencia de infidelidad, hay formas saludables y eficaces para restaurar el amor, respeto y la confianza en una relación.

¿CÓMO ACTUAR CUANDO DESCUBRO UNA INFIDELIDAD?

1. No te culpes. Cuando alguien te ha sido infiel, es fácil echarse la culpa. Puede que pienses que podrías haber hecho algo para evitarlo. Sin embargo, es importante recordar que la infidelidad no es culpa suya. Es una decisión que ha tomado tu pareja, y tú no puedes controlar sus decisiones.

2. Busca ayuda psicológica. Si tienes dificultades para superar la traición, considera la posibilidad de acudir a un terapeuta. Un terapeuta puede ayudarte a gestionar mejor tus emociones y a desarrollar mecanismos de afrontamiento saludables.

3. Date tiempo. Recuperarse de una traición lleva tiempo. No existe un plazo fijo para ello. Sé paciente contigo mismo y permítete hacer el duelo de la manera que te parezca más adecuada.

4. Toma decisiones definitivas, solo cuando estés listo emocionalmente. Ir al terapeuta o una consejería, te podrá ayudar a poner límites y buscar medidas inmediatas. O sea, debes darte tu lugar, poner orden y reglas claras con tu pareja, durante las cosas no se solucionan. Pero hay decisiones mayores, que nosotros recomendamos que no las tomes durante el duelo, debido a que posiblemente estén bajo el dominio de tus emociones y no permitan que tu sistema intelectual te ayude a decidir cuál es la mejor de tus opciones de vida.

5. Perdona y humaniza. ¿No suena justo cierto? La venganza, el rencor y el resentimiento, solo afectan a la persona que lo siente. Está bien que condenes el acto, pero atrévete a ponerte por encima de ello, perdonando. Condena eternamente sus acciones, pero perdona a la persona. Esto indiferentemente de si vas a seguir siendo su

pareja o no, perdonar tiene más que ver con humanizar a la persona y separar sus buenas cualidades, de sus malas acciones.

Humanizar es ver al ser humano en virtud de sus luces y sus sombras. Es decir, lo malo que hizo, no le quita lo bueno que ha hecho y hace. Esto te ayudará a señalar sin miedo y denunciar o reprender algo que no deseas permitir o no te agrada, pero sin dejar de valorar y mostrar gratitud por las virtudes de ese ser, que no es ángel ni demonio, sino humano.

PREGUNTAS PARA CRECER JUNTOS:

1. ¿Cómo resolvemos los conflictos matrimoniales?

2. ¿Qué medidas tomamos para evitar que las pequeñas discusiones se conviertan en conflictos?

3. ¿Hay algo que durante o después de un conflicto que nos ayude a aliviar la tensión entre ambos?

4. ¿Qué cosas suelen poner a tu cónyuge a la defensiva o a discutir?

Nuestros mejores amigos

Nuestro Deporte preferido

Si jugamos un juego de mesa sería

CAPÍTULO VII.

LAS PAREJAS GANADORAS VAN A TERAPIA

La guerra, la competencia, los conflictos y las diferencias son parte de todo equipo y de toda relación donde se maneja el poder. Adquirir habilidades para resolver conflictos puede no solo ayudar a reparar las grietas en su relación, también puede fortalecer aún más su matrimonio. De hecho, en los deportes, eso es lo que separa a los jugadores de rol, de los líderes. En todo equipo hay un jugador que es capitán de la manada, y a este se le escoge por su capacidad para trabajar bajo presión y su inteligencia emocional para resolver situaciones conflictivas.

Un terapeuta es lo más cercano a un entrenador; no puede patear la pelota por ti, no puede encestar el balón, no puede defender a tu equipo, pero puede darte herramientas para que mejores tu desempeño matrimonial. El mismo está capacitado para ayudar a las parejas a resolver sus problemas y a acercarse más en la terapia familiar. Los terapeutas familiares son profesionales con formación especializada en el trabajo con parejas. La terapia de pareja, como cualquier otro tipo de tratamiento, demanda dedicación y honestidad y ética.

Casarse es un desafío, al igual que enamorarse. Sin embargo, este no representa el mayor reto de la relación. El desafío más grande no es casarse, sino permanecer casado y feliz de estarlo. En los equipos de grandes ligas se viven grandes presiones, porque a mayor nivel, mayores batallas. Aprender a lidiar con los altibajos de criar a los hijos, manejar el dinero, trabajar muchas horas y combatir con los problemas personales puede tensar cualquier relación. Para ayudar a bajar esos niveles de tensión y ansiedad, existe la terapia de parejas.

¿EN QUÉ BENEFICIA LA TERAPIA DE PAREJAS?

La psicología es uno de los más grandes aportes de la ciencia, pues aporta técnicas vanguardistas para una sociedad mundial con cada vez más desafíos emocionales y relacionales. Los mejores equipos tienen consejeros, entrenadores, maestros e instructores en diversas áreas. Puesto que no basta con salir al estadio y lucir un buen desempeño. A la gente que sigue el juego le interesa la personalidad del atleta, su vida, sus relaciones, sus secretos, cómo habla, cómo piensa y qué siente. Por eso los equipos invierten millones en la estabilidad emocional de ese individuo. La familia no es la excepción, es el equipo más importante de tu vida y necesita la intervención, ayuda y cuidado terapéutico. La terapia familiar proporciona ese espacio neutral donde las parejas pueden expresar sus preocupaciones sin temor a ser juzgados.

La terapia es una excelente oportunidad para que las parejas trabajen en su comunicación, para llegar a un entendimiento mutuo y para descubrir los próximos pasos, o en última instancia, hasta para disolver de la manera menos traumática su relación, si esa es la mejor decisión. Según una de mis maestras, Dra. Ana Herrero, en el Instituto de Sexualidad de la UASD, el fin de la terapia es salvar la familia, pero que algunas veces, la única forma de salvarla es produciendo distancia entre las partes que ya no dejarán de hacerse daño. Entendiendo que, hiciste todo cuanto estuvo a tu alcance, incluyendo buscar ayuda, para sanar la relación.

UNO O MÁS DE LOS BENEFICIOS POTENCIALES DE LA TERAPIA DE PAREJA SON:

- Emplear a un tercero neutral como mediador para participar en un diálogo productivo.

- Desarrollar nuevos métodos para hablar con su pareja.

- Reducir la tensión y las peleas en su relación.

- Hacer esfuerzos conscientes para mejorar su conexión invirtiendo tiempo y energía en ello.

- Facilitar un entorno tranquilo en el que se puedan discutir temas delicados.

- Hacer de su relación una prioridad mediante el desarrollo de estrategias para profundizar su conexión emocional y física.

- Reconocer hábitos destructivos y averiguar cómo cambiar de rumbo; reparar la confianza dañada, establecer y hacer cumplir límites saludables.

- Tener acceso a un terapeuta que pueda ayudarlos a identificar problemas y sentimientos de los que tal vez ni siquiera tengan plena conciencia.

- Adquirir conocimientos y desarrollar habilidades para hacer frente a los conflictos.

- Conectarse a un nivel más profundo y desarrollar relaciones mutuamente beneficiosas, sentirse escuchado y comprendido.

- Práctica para exponer y descubrir las verdaderas expectativas que tienes de tu pareja.

¿QUIÉN DEBE IR A TERAPIA DE PAREJA?

La respuesta sencilla es: cualquiera. No obstante, la terapia puede tener una connotación negativa para muchas personas. La creencia común podría sostener que solo las parejas que están considerando terminar su unión buscan asesoramiento matrimonial. Pero la realidad es que todo matrimonio enfrenta desafíos. La terapia de pareja es algo que la mayoría, sino todas las parejas podrían usar en algún momento.

No importa en qué estado de salud se encuentra su relación, usted y su pareja pueden beneficiarse de la terapia familiar. Si tiene problemas en su matrimonio, ya sea el primer año o el cuadragésimo, la guía de un especialista puede ayudarlo inclusive, desde antes de casarse. Muchas personas comprometidas entre sí asisten a consejería prematrimonial.

MOTIVACIONES PARA IR A TERAPIA DE PAREJAS

- Aumentar la satisfacción física y emocional si se siente insatisfecho.

- Restaurar la confianza después de la traición o la deshonestidad.

- Superar el trauma o traumas, asociados con los cambios o transiciones, como convertirse en padres o mudarse juntos.

- Manejar la recuperación del trastorno por uso de sustancias para uno o ambos miembros de la pareja.

- Aumentar el disfrute de la compañía del otro y reavivar la llama si su relación se ha desvanecido debido al estrés de la vida cotidiana.

- El mejor método para manejar argumentos es racionalmente.

- Determinar el peso y la gravedad de una relación con la ayuda de un extraño.

- Luchas con la infertilidad, la crianza de los hijos adoptivos y las familias mezcladas, haciendo malabarismos con las demandas laborales y los frecuentes cambios de trabajo.

- Hacer frente a las dificultades monetarias

- Cuando una relación llega a un punto de ruptura, por lo general, es cuando la pareja decide buscar la ayuda de un terapeuta.

- Los profesionales de la salud mental pueden recomendar un curso de acción diferente en circunstancias extremas o que pongan en peligro la vida, como en casos de violencia.

¿QUÉ OCURRE TÍPICAMENTE EN LA TERAPIA DE PAREJA?

Los terapeutas generalmente permiten que ambos miembros de la pareja participen en las sesiones, sin embargo, las terapias de pareja pueden hacerse desde un solo individuo fácilmente. Es valioso si el terapeuta puede observar sus interacciones y brindar sugerencias para fortalecer su matrimonio a través psicoeducación. Pero usted puede ir a la sesión terapéutica sin su cónyuge, si este no puede o no desea participar. Aun así, puede haber algunas ventajas: tal vez obtenga una idea de quién es usted y cómo se siente en su relación actual, sin necesidad de usar máscaras delante de su cónyuge. La terapia brinda un entorno seguro en el que usted y su cónyuge pueden exteriorizar cosas que son demasiado dolorosas para discutirlas en público. Es habitual que la intervención matrimonial contenga emociones tremendas, algunos sollozos y posiblemente algunas voces enojadas. Hasta cierto punto, eso es aceptable e incluso típico.

Las herramientas adquiridas en la escena terapéutica ayudan a las parejas a hablar, comprometerse, resolver problemas e incluso disputar sin dañar la relación.

Por lo general, los terapeutas certificados que se especializan en terapia matrimonial y familiar son los que brindan terapia de pareja. El terapeuta interviene en la dinámica de la pareja.

El terapeuta puede ayudar a las parejas a desarrollar su intimidad emocional ayudándoles a identificar y comprender sus necesidades, deseos y expectativas mutuas. Puede orientarles sobre cómo comunicarse mejor entre sí y resolver los problemas o diferencias que puedan estar causando desavenencias.

Cuando se trata de asesoramiento matrimonial, la terapia familiar puede ser una gran opción. Este tipo de asesoramiento se centra en la familia como unidad, más que en los miembros individuales. Los terapeutas familiares están formados para ayudar a las parejas a identificar problemas comunes, desarrollar habilidades de comunicación y trabajar juntos para resolver conflictos. El objetivo de la terapia familiar es que las familias aprendan a superar y manejar conflictos.

Cuando tu pareja y tú se enfrentan a dificultades en el matrimonio, una terapia de pareja puntual puede ayudarles a restablecer la satisfacción de ambos. Dar paso a la búsqueda de orientación profesional requiere valor por parte de cada cónyuge; sin embargo, tiene sus recompensas, ya que los terapeutas utilizan técnicas que aportan a un mejor funcionamiento para la dinámica entre dos personas.

La mayoría de las relaciones amorosas, incluidos los matrimonios, tienen fallas. Cuando dos personas inician una relación romántica, lo hacen con sus propias creencias, valores, perspectivas y experiencias únicas; no necesariamente pueden coincidir. Pese a ello, aunque es posible que tengas diferencias de criterios, eso no implica que tu relación siempre será polémica. Has escuchado el adagio sobre cómo "los opuestos se atraen". En este caso, eso no está lejos de la verdad porque las diferencias pueden ser complementarias. Además de fomentar el aprecio, la comprensión y la aceptación de las perspectivas y prácticas culturales de los demás, estas distinciones en sí mismas pueden ayudar a las personas a tener empatía con su pareja.

Es típico, que después de pasar más tiempo con alguien, las diferencias o los hábitos que alguna vez pensó que eran atractivos pueden volverse irritantes. La angustia en una relación, independientemente de su origen, puede conducir a diversas emociones y comportamientos negativos. Es posible que mucha gente espere que los problemas de su relación se resuelvan solos y con el tiempo. Pero si se permite que una relación terrible siga creciendo, puede causar estrés y ansiedad crónica, e incluso depresión, a largo plazo. Las personas con las que trabaja, los miembros de la familia y los amigos pueden sentirse obligados a tomar partido en una relación terrible. Si amigo mío y amiga mía, lamento informarle que las relaciones no se sanan solas y que el tiempo no sabe detener el crecimiento de las malezas que hemos dejado crecer en nuestra vida marital. Es nuestro trabajo "cazar las zorras pequeñas", identificar las amenazas, y corregir las fugas emocionales de nuestra casa.

No podemos permitirnos darle más vueltas a los problemas matrimoniales, pues ellos no se resolverán solos, por el contrario, hay que enfrentarlos buscando ayuda. Incluso si ha tenido problemas de comunicación durante años, existen muchos métodos para superarlos. Es posible un cambio positivo, al igual que restablecer la paz y la armonía en su relación. Si usted y su pareja se sienten atrapados, frustrados o separados, un buen terapeuta, capacitado y con experiencia puede equiparle a usted y a su pareja con las herramientas que necesitan para romper el ciclo.

Muchas personas acuden a terapia matrimonial con varias creencias y falsedades comunes, ya sea al final de una relación o al comienzo de los problemas. Primero, acabemos con algunos mitos sobre la consejería matrimonial para que pueda tener una idea más clara de lo que sucede.

Áreas de enfoque de la terapia familiar

Generalmente busca dar respuesta a los siguientes factores:

- ¿Exactamente qué problemas ha tenido con su pareja?

- ¿Por cuánto tiempo han estado luchando con esto?

- ¿Alguna vez ha participado en alguna terapia antes?

- ¿Hay algo que ustedes dos hayan intentado que les haya ayudado?

- ¿Qué es lo que espera obtener de la terapia de pareja?

Entendido esto, el terapeuta éticamente le ayudará, pero los resultados y los logros son suyos. Un consejero no tiene autoridad para tomar decisiones o imponer su voluntad. No tiene autoridad sobre ti y no actuará como juez. Probablemente le hará muchas preguntas para llegar a hacer consciente lo inconsciente. Nadie te obligará a elegir o hacer algo que no quieras. Tu vida no pertenece a nadie más. Fuera del centro de terapia, tienes el mando completo.

Los problemas son más fáciles de comprender cuando se discuten con otros. Su terapeuta puede ayudarlo a unir las piezas y obtener una mejor idea de quién es usted.

Los terapeutas tienen un papel que desempeñar, pero no pueden ejercer control dominante. Tú lo haces. Los terapeutas le pedirán que considere sus opciones de vida, usted tomará las decisiones. Se solicitarán sus puntos de vista, incluso si no es muy conversador, su terapeuta le pedirá que hable sobre cómo se siente y qué le sucede. Requiere, sin embargo, que seas receptivo.

LAS TAREAS TERAPÉUTICAS.

Cuando se reúna con su terapeuta, es posible que le asigne actividades o ejercicios destinados a ayudarle a sacar el máximo partido de sus sesiones de terapia. Estas actividades se conocen como "tareas terapéuticas". Participar en estas tareas terapéuticas puede ayudar a complementar y potenciar los efectos de la sesión de terapia tradicional. Ya sean trabajos escritos de forma creativa, actividades de atención plena o incluso movimientos corporales importantes, puede ofrecer orientación, un propósito y resultados directos en la mejora de la salud mental de la pareja. La implicación y el esfuerzo en estas tareas proporcionan una sensación de logro y la oportunidad de reconocer los cambios observados en el bienestar a lo largo del viaje de la vida marital.

PREGUNTAS PARA CRECER JUNTOS:

1. ¿Por qué cree que es importante que los matrimonios hagan terapia de pareja?

2. ¿Cuáles son algunos de los beneficios de la terapia de pareja?

3. ¿Cree que todos los matrimonios deberían someterse a terapia de pareja?

4. ¿Cómo sabría si su matrimonio necesita terapia de pareja?

5. ¿Cuáles son algunos de los problemas más comunes que afectan a los matrimonios y requieren terapia de pareja?

Las cosas que nadie sabe que nos enviamos por internet

Lo que hemos aprendido juntos

Algo que jamás habría logrado sin ti

Tú

Yo

CAPÍTULO VIII.

CONOCE A TU PAREJA

s importante que, como pareja, tratemos de conocernos el uno al otro lo mejor posible. Esto es más fácil si nos tomamos el tiempo para hablar con nuestra pareja y escuchar sus respuestas. Preguntarle a nuestra pareja qué cosas le gustan, cómo se siente o incluso qué cosas la irritan es una buena manera de construir una relación fuerte y saludable. Esto también ayuda a comprender mejor sus necesidades y deseos, lo que ayuda a evitar conflictos futuros. Además, escuchar con atención nos permite ver la relación desde su punto de vista, lo que puede llevar a tener una mejor comprensión de la relación. Por lo tanto, prestar atención a nuestra pareja, estar dispuestos a escuchar y hablar abiertamente con ella es un paso importante para construir una saludable y duradera relación.

Otro aspecto importante de conocer a nuestra pareja es hacer actividades juntos. Esto ayuda a fortalecer el vínculo entre ustedes dos, ya que disfrutan de la compañía el uno del otro. Las actividades que realicen juntos pueden ser tan simples como caminar, ver una película o incluso ir a clases de baile. El hacer cosas juntos también les da la oportunidad de descubrir nuevas cosas sobre el uno al otro, lo que puede ayudar a conocerse mejor como pareja.

Finalmente, es importante recordar que no hay límites para conocer a nuestra pareja. Si hay algo que no conocemos de ellos o deseamos averiguar, es importante comunicarse abierta y honestamente. Esto nos permitirá aprender más sobre la personalidad de nuestra pareja, cómo se sienten, qué es lo que les gusta y cómo estar mejor juntos. Al hacer esto, nos llevamos un paso más cerca de construir un fuerte y saludable vínculo con nuestra pareja.

CONOCE SUS EXPECTATIVAS DE VIDA

Para que una relación tenga éxito es necesario comprender a su pareja y conocer sus expectativas. Pregúntese qué espera su pareja de esta relación ¿quiere amistad, intimidad, conexión o algo más? La clave es la comunicación: deben definir juntos lo que ambos esperan obtener de la relación. Establezca sus expectativas desde el principio y recuerde que nadie conoce a su pareja mejor que ella misma. Respete sus deseos y necesidades, y siga comunicándose y adaptándose a medida que aumente su potencial de crecimiento.

LAS 7 GRANDES NECESIDADES DE UN HOMBRE

1. Un hombre necesita respeto

Un hombre necesita sentirse respetado por la mujer de su vida. Necesita sentir que su opinión importa y que ella valora su aportación. Sin respeto, un hombre perderá rápidamente el interés en una relación.

¿Cómo mostrarle respeto al hombre? Reconocerle cada logro, mostrarle tu admiración en público y en privado. Nunca des por sentado que no lo necesita, por el contrario, todo su esfuerzo solo se compensará con sentirse respetado y honrado. Cantares 5: 9 tiene un subtítulo que dice: La esposa alaba al esposo, así qué alábelo constantemente, es decir, aprobación y reconocimiento.

Una canción del italiano Tiziano Ferro dice: "pero tú no me das tu amor constante, no me abrazas y repites que soy grande…". Créame, él lo necesita más que el aire para vivir. Dígale que es grande y hágalo sentir grande.

2. El hombre necesita espacio

Los hombres suelen necesitar más espacio que las mujeres. Puede que no quieran pasar cada minuto con su pareja y que necesiten tiempo para dedicarse a sus aficiones o intereses. Es importante dar espacio a un hombre cuando lo necesita y no tomárselo como algo personal.

No significa que no le importas, significa que necesita espacio a solas para eutimizarse. Claro, toda regla tiene su excepción, algunos pocos prefieren la cercanía constante.

3. El hombre necesita sentirse necesario

Los hombres suelen necesitar sentirse grandes y útiles. Como decía la canción, que le repitas que es grande, pero más que eso que le hagas sentir necesario. Quieren ser capaces de mantener a su pareja y sentir que contribuyen a la relación. Cuando un hombre se siente necesitado, aumenta su autoestima y se siente bien consigo mismo.

Esto debe conjugarse en un ambiente de crecimiento y libertades para ambos; solo nos referimos a una necesidad óntica del hombre; sentirse necesario, héroe, salvador, proveedor y defensor.

4. El hombre necesita el contacto físico

Los hombres anhelan el contacto físico tanto como las mujeres. Puede que no lo expresen tan abiertamente, pero siguen necesitando el afecto de su pareja. Ya sea tomarse de la mano, abrazarse o mantener relaciones sexuales, el contacto físico es importante para un hombre en una relación.

El toque de las manos de su mujer es el mejor regalo que un hombre puede recibir. Es relajante y sanador. Tóquelo, ellos también son digitales.

5. El hombre necesita tiempo de calidad

El tiempo de calidad es tan importante para un hombre como para una mujer. Quiere pasar tiempo con su pareja haciendo cosas que le gusten y sean significativas para él. Esto puede incluir cualquier cosa, desde ir de excursión juntos hasta simplemente ver la tele juntos en el sofá.

6. El hombre necesita una mujer

Parece sencillo, pero a pesar de qué hay muchos tipos de relaciones en el mundo. En sentido general, los hombres necesitan una mujer que exhiba su feminidad. El hombre necesita ser servido, por eso aman a la mujer que cocina. Sabemos que hay mujeres que no lo hacen y posiblemente no les gusta hacerlo. Nuestra recomendación es, que no se la cocine si no desea, pero sírvasela, hágale sentir que usted le atiende como le atendió alguna vez su madre.

Dejamos claro esto: el hombre no necesita una sirvienta, ni una cocinera, necesita una servidora, una cuidadora y una mimadora.

7. **El hombre necesita conquistar**

El hombre ama descubrir cosas nuevas y explorar. Por eso una vez que descubre algo, deseará ir por algo nuevo. Claro, hay mujeres que son tan interesantes que uno busca cada mañana y encuentra algo que descubrir. Hay mujeres que son como la palabra de Dios, que se hacen nuevas cada día. Esas mujeres son un misterio. Las mujeres misteriosas son tan impresionantes, que ninguna otra opción en el mundo será más relevante que ellas para su cónyuge.

7 GRANDES NECESIDADES DE UNA MUJER

1. **Una mujer necesita sentimiento de autoestima.**

Toda mujer necesita sentirse valorada. Es el resultado de tener una gran autoestima y confianza en una misma. Significa saber que mereces amor, respeto y felicidad. Significa sentirte bien contigo misma, incluso cuando cometes errores.

2. **Una mujer necesita sentido de propósito.**

Toda mujer necesita tener un propósito. Es el resultado de tener metas y sueños que te inspiran y dan sentido a tu vida. Significa sentir que estás marcando la diferencia en el mundo. Significa sentir pasión por algo y trabajar por ello con todo el corazón.

3. **Una mujer necesita sentido de pertenencia.**

Toda mujer necesita tener un sentimiento de pertenencia. Es el resultado de tener relaciones sólidas con la familia y los amigos. Significa sentir que formas parte de una comunidad y que tienes gente que se preocupa por ti. Significa poder confiar en los demás y saber que estarán a tu lado cuando los necesites.

4. **Una mujer necesita sensación de seguridad.**

Toda mujer necesita sentirse segura. Esto se consigue teniendo un trabajo estable, un lugar seguro donde vivir y suficiente dinero para mantenerse. Significa sentir que puedes cuidar de ti misma y de tus seres queridos. Significa estar preparada para el futuro y no vivir con miedo a lo que pueda ocurrir.

5. **Una mujer necesita sentido de la autonomía.**

Toda mujer necesita sentirse autónoma. Esto se consigue teniendo control sobre tu propia vida. Significa poder tomar tus propias decisiones y vivir la vida que quieres vivir. La mujer necesita ser y crecer.

6. **Una mujer necesita sentido de exclusividad.**

Una mujer no quiere ser importante, sino la más importante en la vida de alguien. Sentirse elegida entre muchas, exclusiva ante todas las demás opciones. Si una mujer no siente eso, le será imposible ser genuinamente feliz.

7. **Una mujer necesita ser amada.**

Esto no es cualquier cosa, significa la seguridad de que ella le importa a alguien. Saber que hay al menos esa persona en el mundo que daría hasta su vida por ella. Pero más que un héroe o salvador, es alguien que se haya propuesto en su corazón vivir para amarle, para servirle y respetarle. Y claro, **la mujer nececita un hombre**, pero esto es más que un macho. Un hombre sano, sensible y vulnerable, que ría y que llore, pero que a pesar de su sensibilidad exhiba su carácter, su firmeza y su capacidad de proteger y acompañar.

PREGUNTAS PARA CRECER JUNTOS:

1. ¿Cuáles son las necesidades más comunes de hombres y mujeres en los matrimonios?

2. ¿Cuáles son las diferencias de las necesidades entre hombres y mujeres?

3. ¿Cómo suele afectar el desconocimiento de las necesidades del uno al otro?

4. ¿Existen vulnerabilidades particulares de hombres o mujeres?

5. ¿Cómo pueden protegerse y complementarse el uno al otro?

Versos Bíblicos Favoritos

Contrato de territorio en la cama

Mi lado   Tu lado

Firma   Firma

Un refrán o frase que nos decimos

Tú a mí	Yo a ti

CAPÍTULO IX.

EL EQUIPO CONTRARIO

¿CÓMO QUITARLES PODER A LOS ENEMIGOS DE NUESTRO EQUIPO?

Evitar los conflictos en un matrimonio es un objetivo que podría sonar un tanto descabellado. Creer que los matrimonios felices funcionan con el piloto automático, sin conflictos ni desacuerdos conyugales, es irrisorio.

Un equipo como el matrimonio no es una unión en la que uno de los cónyuges puede clonar fácilmente el conjunto de atributos que tiene el otro. Los conflictos habituales en un matrimonio abundan porque reúne a personas con sus propias de idiosincrasias, distintos sistemas de valores, hábitos arraigados, antecedentes diversos, prioridades y preferencias particulares.

Sean conscientes o inconscientes, las personas que nos rodean pueden suponer una amenaza para la seguridad de nuestras relaciones sentimentales. Hay quienes atacan las relaciones de los demás porque son inseguros o sienten la necesidad de ser "superiores"; otros lo hacen porque viven un mundo emocional basado en el miedo reactivo.

Sea cual sea el motivo, es importante conocer las señales de un intruso afectivo antes de que pueda destruir tu relación. A las personas tóxicas no hay nada que les guste más que socavar la integridad de una pareja, y suelen hacerlo creando conflictos y descarrilando a uno u otro miembro de la pareja. Solo conociendo las señales podemos prevenir y minimizar estos ataques, protegiendo las relaciones y los vínculos que dan sentido a nuestra vida.

ADVERSARIOS INTERNOS Y EXTERNOS DE LA PAREJA

Las amenazas surgen en una relación, cuando uno siente emociones que no sabe cómo expresar como: estrés, agobio, rabia, dolor, confusión, falta de poder o vergüenza.

- **Cuando la familia interfiere**

Cuando se trata de socavar la integridad de nuestras relaciones, nadie lo hace mejor que la familia. Las personas que mejor nos conocen suelen ser también las que mejor saben separarnos de nuestros objetivos como equipo, y lo hacen utilizando una serie de mecanismos muy sutiles.

La interferencia familiar en los matrimonios puede perturbar la salud, la felicidad y el futuro de una pareja y debe evitarse a toda costa. Es fundamental que los cónyuges establezcan su propia identidad en la relación, libres del control paterno y de la familia extendida. A menudo, las parejas pueden sentirse presionadas por la familia para ceder y comprometer decisiones que, en última instancia, no auguran nada bueno para su unión. Este tipo de interferencia nunca es útil, ya que dos personas que están felizmente situadas en su matrimonio deberían planificar el futuro con sus propias prioridades, objetivos y aventuras compartidas firmemente. Por eso, es importante recordar que dos son las personas principales en un matrimonio y en la crianza de los hijos: nadie más tiene la misma autoridad ni la misma influencia sobre cómo se desarrollará y florecerá esa relación.

- **Crisis Divisoria**

Algunas personas intentan controlar a otras causándoles problemas que no existen. Lo hacen para desviar la atención de la persona a la que controlan, y también para hacer que esa persona se pelee con su pareja. Si una persona está ocupada encargándose de algo, la otra se queda atrás o se distrae con otra cosa. Con el tiempo, esto puede hacer que la pareja se distancie o no esté contenta con el otro porque no pasan tiempo juntos.

- **Generando conflicto**

Aunque no siempre se limita al ámbito familiar, crear conflictos es una de las principales formas en que los intrusos afectivos pueden intentar socavar nuestras relaciones de pareja.

Algunas personas no pueden resistirse a la tentación de provocar disgustos a donde van. Pueden hacerlo abiertamente o susurrando por las esquinas, pero sea como sea, resulta perjudicial de muchas maneras. Estas son las personas que pueden hacer que discutamos con nuestras parejas de lo que está pasando o qué hacer al respecto; empujándonos hasta que estemos en nuestros límites absolutos con nuestros cónyuges e incluso con nosotros mismos. Lo irónico de todo esto, es que cuando se genera el conflicto en nuestras parejas, ellos pretenden convertirse en los árbitros que buscan "salvar la situación". Obviamente, queda más que entendido, que esto causará el efecto contrario.

Sea cual sea la forma en que decidan hacerlo, los que siembran la discordia en una relación siempre son tóxicos, pero a veces, hace falta un poco de honestidad brutal para llegar a un acuerdo sobre quién y qué está haciendo que las cosas vayan mal en tu relación.

- **Él intruso afectivo familiar**

El interferidor puede ser una persona difícil de detectar. Puede ser la suegra que reorganiza la cocina sin preguntar, o la tía que da a sus hijos bebidas con cafeína (aunque usted le haya pedido que no lo haga). Nuestros seres queridos pueden interferir de muchas maneras en nuestras relaciones sentimentales, y todas y cada una de ellas son tóxicas.

- **El intruso afectivo amigo o amiga**

Un matrimonio ideal no debería estar contaminado por la presencia de terceros. Uno de los problemas más frecuentes en las relaciones matrimoniales es cuando amigos externos interfieren y agravan una situación en la cual dos personas intentan conectar y unirse. Estas personas pueden tener buenas intenciones, pero su intrusión resulta ser contraproducente para la comunicación entre la pareja matrimonial. Esto conllevará a tensiones innecesarias entre ellos, e incluso a distanciamiento si los temas importantes se descuidan o se evaden radicalmente. El matrimonio nunca alcanzará el nivel óptimo deseado si no se abordan inmediatamente los problemas causados por la interferencia externa.

- **Él intruso afectivo apostólico**

Los matrimonios a veces buscan consejo espiritual y tratan a aquellos con una posición apostólica como guías. Creemos que esto es salomónico. Sin embargo, es de suma importancia que ambas partes sean conscientes de los límites de su relación. Hay ciertos aspectos del matrimonio y la relación en la que, los pastores y líderes religiosos, están mucho mejor al margen. Sobre todo porque a veces las parejas buscan un consejo y una opinión para no hacerse cargo de sus propias responsabilidades. Entonces en muchos casos terminan culpando al que según ellos, dio un mal consejo. Si usted es líder en una comunidad de fe, lo más competente y conveniente para usted es invitarles a orar, acompañarlos en el proceso, escucharlos, señalar situaciones del libro sagrado que le ayuden a verse a sí mismos retratados en ella. Pero no se atreva a decir cosas que descalifiquen a alguno de los cónyuges, no se parcialice con quien acaba de confesar sus heridas y grietas conyugales. Además de todo esto, refiéralos al ministerio de consejería familiar de la iglesia, si poseen alguno, o mejor aún, refiéralos a un profesional de la psicología familiar.

Por otro lado, cuando un matrimonio oye consejos equivocados o inapropiados, el resultado puede ser desastroso; puesto que un matrimonio podría terminar tomando la mala decisión o fracasar por completo. Por lo tanto, al acudir a alguien para obtener consejos, no hay que ofrecerle demasiada responsabilidad: lo mejor es tomar su sabiduría y estimular su matrimonio con reflexiones basadas en la experiencia real. Respete a sus líderes, pero tome junto a su pareja sus mejores opciones de vida. No permita que su afecto o reverencia hacia su consejero espiritual se convierta en un intruso bien intencionado, pero mal dirigido.

SEÑALES DE QUE TU RELACIÓN ESTÁ SIENDO ATACADA

Si no estás seguro, hay algunos signos concretos de que tu relación está siendo atacada por alguien o algo externo. Aunque algunas de estas cuestiones pueden derivarse de problemas internos de la relación (o de la pareja), muchas de ellas también tienen su origen en influencias externas. Asegúrate de saber detectar cada una de estas señales.

FACTORES QUE AFECTAN A LA UNIÓN Y RELACIÓN

- **Los secretos**

Un secreto se define como algo hecho, realizado o llevado a cabo sin el conocimiento de otras personas. Cuando una de esas personas es el cónyuge o la pareja no solo nos preguntamos por qué, sino cómo pone en peligro esa relación. Algunos matrimonios han terminado en desastre si uno o ambos cónyuges tratan de guardar información vital para ellos mismos. Cuando los matrimonios no tienen confianza, hay muchas maneras en las que los secretos pueden destruir la relación. Algunos dos matrimonios caen en un profundo pozo de sospecha y celos cuando intentan mantener asuntos como ingreso financiero, historiales médicos privados o vínculos pasados ocultos entre ellas. Esto está destinado a empujar aún más a la pareja hacia un inminente distanciamiento emocional, limitando el intercambio abierto y fomentando la angustia, la vergüenza y la ira por periodos prolongados de tiempo, en lugar de promover conversaciones nutritivas entre ambas partes.

- **Rutina y falta de intermitencia**

La intermitencia es un distanciamiento por pequeños, pero significativos momentos, que se ilustrarían muy bien como una danza o el movimiento de las olas en la playa. Ese vaivén de las olas es necesario para no asfixiar a la persona que amas o a ti mismo. Siendo realistas, ninguna relación implica una cercanía total en cada momento.

Una forma definitiva de destruir una relación y diluir la pasión es exigir conexión constante, manteniendo una rutina y ningún espacio lejos de tu pareja. Por ejemplo: nadie fantasea con alguien que nunca se separa de su lado.

Las parejas fuertes suelen estar formadas por personas autónomas que se sienten cómodas dependiendo la una de la otra, pero que conservan un claro sentido de sí mismas y de su identidad.

Tanto si te tomas una hamburguesa en el trabajo como si te haces la pedicura a la hora de comer, probablemente no sea necesario que esos acontecimientos se compartan. Por ejemplo, muchos hombres preferirían que sus esposas no les exigieran compañía para ir de compras en el centro comercial. Permítanse entonces ambos, esos espacios de intermitencia que permiten las olas del matrimonio. No se marche tan lejos que surja la necesidad de buscarle suplente, ni esté tan cerca que su presencia se considere asfixiante.

- **Control, Maltrato y violencia**

El control lleva a que una persona se sienta maltratada en un espacio que se supone nutricio. Estas dos primeras prácticas en una relación doméstica convierten el entorno familiar en un ambiente hostil y destructivo, de manera que dé lugar a la violencia de una persona a otra en el matrimonio.

El control de una persona sobre otra en una relación doméstica es perjudicial para su éxito. Daña la simetría de la relación y puede hacer que uno de los miembros de la pareja se sienta maltratado y poco valorado. El ambiente hostil que esto crea a menudo conduce a la violencia de un miembro de la pareja hacia el otro, dañando así aún más la relación y dejando a ambos en un estado emocionalmente vulnerable.

Al buscar formas de combatir este ciclo malsano de dinámicas de poder en un matrimonio, es importante recordar que no existe una solución fácil; se necesita tiempo, esfuerzo y compromiso por parte de ambos miembros de la pareja para liberarse de estos patrones de comportamiento. La comunicación es clave a la hora de intentar resolver conflictos en cualquier relación, ser capaz de comunicarse eficazmente con su cónyuge acerca de sus necesidades, deseos, frustraciones, etc.

- **Falta de reconocimiento**

En nuestras relaciones, ser valorados (por las cosas por las que queremos ser reconocidos) nos da una sensación de conexión con otras personas. Nos ayuda a sentirnos comprendidos y valorados.

La falta de reconocimiento puede hacer que tu pareja pierda la motivación para mantener una relación sólida. Puede sentir que es inútil esforzarse en una ecuación en la que no hay aprecio ni reconocimiento. Poco a poco, lo más probable es que dejen de contribuir a la relación por completo.

- **Falta de higiene**

La falta de higiene puede tener graves repercusiones en las relaciones. Cuando alguien no practica una limpieza básica, puede parecer descuidado y poco digno de confianza. También puede crear tensiones entre los miembros de la pareja porque uno puede ver al otro como descuidado o desconsiderado. Además, puede provocar problemas de salud, como infecciones cutáneas y mal aliento, que son desagradables para todos los implicados. La falta de higiene no solo afecta a tus relaciones, sino también a la percepción que los demás tienen de ti en público y en el trabajo. La gente puede pensar mal de ti si no te cuidas, lo que puede llevarte a perder oportunidades o a vivir situaciones incómodas. Por lo tanto, una buena higiene es esencial para mantener relaciones sólidas con amigos, familiares y compañeros de trabajo. Como parejas es aún más grave, porque afecta la comunicación, la convivencia y la intimidad sexual de la pareja.

- **Falta de atención**

Si uno de los miembros de la pareja no recibe suficiente atención del otro, puede provocar una cadena de reacciones e incluso llevar a conflictos mayores en la relación. No te quedes perplejo, no es nada que no pueda salvarse. La falta de atención en una relación no es lo mismo que la falta de comunicación, de hecho la falta de comunicación no existe. El primer axioma de la comunicación es que, "no es posible no comunicarse". Es decir, que el silencio y la distancia, comunican abandono, indolencia, indiferencia y desatención. De alguna forma, esto se llama maltrato emocional por omisión.

Si te sientes desatendido, habla de ello con tu pareja y explícale cómo te sientes. Es importante ser sincero, pero no acusador; céntrate en lo que necesitas de ellos, no en los aspectos negativos de su comportamiento. Si no lo entienden o no están dispuestos a hacer cambios, no te cierres: intenta proponer actividades que les unan más, como cocinar juntos o dar un paseo romántico. Entienda además, que comunicar el descontento que usted tiene, es su responsabilidad.

CÓMO BLINDAR SU RELACIÓN Y ECHAR A LOS INTRUSOS

1. Establezca límites (y cúmplalos)

Los límites no solo son importantes a nivel personal, sino también en las relaciones. Nuestros límites son la base de nuestra salud y felicidad, pero tienen que ser claros y tenemos que poner un poco de trabajo en ellos cada día. Los límites que contienen nuestras relaciones guían nuestras decisiones, al tiempo que satisfacen nuestra necesidad de estabilidad. Son importantes, y es fundamental que recalquemos su importancia a las personas que nos rodean.

Desarrolle estos límites de forma preventiva o cuando surja la necesidad, asegurándose de mantener canales de comunicación honestos y abiertos en todo momento. Estos límites deben acordarse y establecerse con un cierto grado de comprensión por parte de ambos miembros de la pareja. Discutiendo las cosas, pero confiando en el criterio del otro y sabiendo que siempre elegirán lo que es mejor para los dos, no solo para sí mismos.

2. Mantener un frente unido

Si no somos un equipo, no podremos superar ni el más pequeño de los desafíos en nuestro proyecto de ganar. Comunique paz a su pareja diciéndole que está de su parte y asegúrese de que está de la suya. Un apoyo inquebrantable es lo que se necesita para superar al equipo contrario empeñado en la destrucción, pero eso solo se crea si los dos establecen una alianza blindada y experiencias fortalecedoras.

Deshazte de esa tendencia a ponerte del lado de otro en contra de tu pareja. Deja de criticar a los demás miembros de tu propio equipo. Presenta un frente unido en todo momento y deja claro que nunca permitirás que otra persona dañe los cimientos que tanto les ha costado crear. Ambos tienen que estar comprometidos con la causa, y tienen que dejar claro que son uno; un ejército indivisible y ganador.

3. **Limitar la influencia de los demás**

Imagina que los atletas prestaran atención a todo lo que los cronistas deportivos o los "haters" dicen de ellos, fracasarían. Entonces, la vez que tengan un frente unido y un compendio de límites, podrán empezar a limitar la influencia de los demás en su equipo de forma efectiva. Todos tenemos diferentes niveles de tolerancia, pero tienes que reunirte con tu pareja para decidir la cantidad y el tipo de influencia que van a permitir que afecte a su relación de equipo.

Decidan cómo se van a apoyar mutuamente en esos enfrentamientos y sean sinceros cuando algunos temas estén estrictamente prohibidos. No te sientas culpable y asegúrate de que ambos tengan claro cuál es el plan de acción cuando se tomen decisiones importantes o se discutan los valores familiares.

Si no aprendes a limitar la influencia de los demás —y a hacerlo con eficacia— se convertirá en un problema constante en tu relación que podría abrir una brecha irreparable entre ustedes. Elabora un plan de acción que funcione para ambos y cúmplelo. Nadie conoce su equipo mejor que ustedes dos. Hazte cargo de ello y deja claro que no permitirás que interfieran en la manera qué trabajan para ganar el campeonato.

CÓMO VENCER Y DEJAR SIN ARMAS A LOS ENEMIGOS DE MI EQUIPO

1. Comunicar, comunicar, comunicar

La comunicación es el secreto de una relación duradera. Todos los matrimonios sanos y felices mantienen abiertas sus líneas de comunicación.

Si quieres mantener una relación sana o estás intentando resolver tus problemas matrimoniales, no debes dejar de comunicarte con tu cónyuge. Hablen abiertamente de los problemas que tienen para poder encontrar juntos una solución. Si te limitas a esconderlo debajo de la alfombra, a la larga solo se convertirá en algo más serio.

2. Reconoce cuándo estás en un atasco

Uno de los obstáculos más comunes para resolver los problemas matrimoniales es cuando usted y su pareja no se ponen de acuerdo en lo que respecta a sus problemas. Uno de los cónyuges está dispuesto a discutir el problema y al otro no le parece gran cosa. Les recuerdo el concepto bíblico de cazar las zorras pequeñas; los zorros pueden causar grandes daños a los viñedos, y las zorras pequeñas causan aún más destrozos. Puesto que las zorras grandes se comen el fruto, pero las pequeñas al no alcanzar los frutos, tiran de las ramas y dañan no solo la cosecha, sino también la siembra misma. Es difícil para los agricultores proteger sus cosechas cuando estos animales están cerca, y por eso hay que cazarlos activamente y alejarlos del viñedo. El cantar de los cantares 2:15 habla de esta cuestión y subraya que es esencial "Cazad las zorras, las pequeñas zorras, que estropean las viñas..." Si los agricultores no toman medidas para proteger sus viñedos de las zorras, las consecuencias pueden ser graves, incluida la pérdida total de la cosecha. Tu llamado de parte de Dios es proteger tu equipo, proteger los frutos, pero sobre todo proteger la siembra. Se vale perder un partido, pero no se vale perder a tu compañera o compañero de equipo.

3. Expresarse de forma constructiva

Cuando discutes con tu cónyuge, es fácil dejarse llevar por las emociones. Podrías acabar diciendo cosas hirientes que solo empeoran el problema en lugar de solucionarlo. Intenta evitar esta vía siempre que sea posible.

4. Romper la maldición de la familiaridad

Los matrimonios que llevan mucho tiempo juntos tienen la falsa creencia de que se conocen profundamente. No obstante, esto a menudo puede ser la raíz del problema en una relación. Que el nivel de cercanía que tienes con tu pareja, sea proporcional al nivel de interés y curiosidad que le produces. Nunca dejes de ser un enigma, un misterio interesante y seductor.

5. Tomar decisiones juntos

A la hora de resolver los problemas matrimoniales, hay que abordarlos juntos y decidir la mejor solución en pareja. Uno de los cónyuges no puede ser autoritario y tomar decisiones por los dos. De hecho, esto es algo que causa problemas matrimoniales mayores.

6. Reconozca los sentimientos de su cónyuge

¿Ha experimentado alguna vez que le ha expresado amor a alguien y ese alguien le ignora y desvaloriza? Ojalá que no, pero de aseguro que no es una buena sensación. Te hace sentir infravalorado y desapercibido. No le haga sentir eso a nadie, y menos a la persona con la que decidió hacer equipo.

7. Entienda que no es una competición contra nosotros mismos

No es raro que los cónyuges sientan la necesidad de "ganar" una discusión. Alimenta su ego y les hace sentirse bien consigo mismos cuando demuestran que su cónyuge se equivoca en ciertas cosas. Pero esta manera suele aplastar la personalidad de su pareja y terminará debilitada para cuando tengan que enfrentar a los verdaderos enemigos.

8. Mantener una actitud positiva

Puede parecer un consejo obvio, pero a la mayoría de las parejas que discuten les cuesta mantener una actitud positiva. Las parejas exitosas son las que pueden mantener una perspectiva positiva a lo largo de su relación, incluso cuando se trata de problemas maritales. Los equipos ganadores se destacan de los perdedores, más que por las destrezas de sus jugadores, por la química, la energía y la actitud positiva que manejan en su relación.

9. Dé espacio a su pareja

La mayoría de los cónyuges están tan desesperados por resolver los problemas de su matrimonio que acaban asfixiando a su otra mitad. Sin embargo, adoptar este enfoque cuando se trata de problemas matrimoniales solo empeorará las cosas.

10. Acudir a terapia

El asesoramiento es una gran manera de resolver los problemas matrimoniales. Solo requieren unas pocas sesiones y es una forma estupenda de abordar los problemas de la relación en un terreno neutral. También puede contar con la orientación de un experto para resolver la causa del problema.

EN FIN...

Es fundamental aprender a detectar las amenazas externas a nuestro equipo, eso que pone en peligro nuestras relaciones sentimentales. Estas amenazas pueden provenir tanto de amigos como de familiares, y pueden producirse de diversas formas sutiles y maliciosas. Desde las interferencias pasivo-agresivas hasta las crisis totalmente inventadas, hay una gran variedad de formas en que las personas que nos rodean socavan nuestras relaciones, pero se pueden frustrar con un poco de conocimiento y comprensión, sobre todo haciendo vallado, blindando nuestro equipo contra toda potencia exterior.

Aprende a detectar las señales de interferencia y a distinguir entre un amigo cariñoso y un intruso entrometido. Las miradas errantes y la agravación perpetua suelen ser señales de que alguien se está entrometiendo, pero hay que ser sincero y abierto para limitar los efectos de estas interferencias. Protege tu amor estableciendo límites, manteniendo un frente unido y limitando la influencia de los elementos ajenos más peligrosos de tu entorno. Aunque enamorarse puede ser fácil, mantenerlo requiere trabajo. Protege tu trabajo y tu corazón blindando tu relación cada día.

PREGUNTAS PARA CRECER JUNTOS:

1. ¿Cómo protege su equipo de posibles amenazas?

2. ¿Qué tipo de amenazas crees que son las más peligrosas para los matrimonios?

3. ¿Cómo se blinda un equipo familiar frente a posibles amenazas?

4. ¿Qué herramientas consideras relevantes para evitar a los intrusos?

5. ¿Qué consejo darías a las parejas que ya han sido afectadas por la interferencia de los intrusos?

Nuestra rutina diaria

8AM

12M

3PM

6PM

9PM · No te preocupes, esta parte la llenamos por ti. A DORMIR!.₂ᶻᶻ

Temas favoritos para hablar

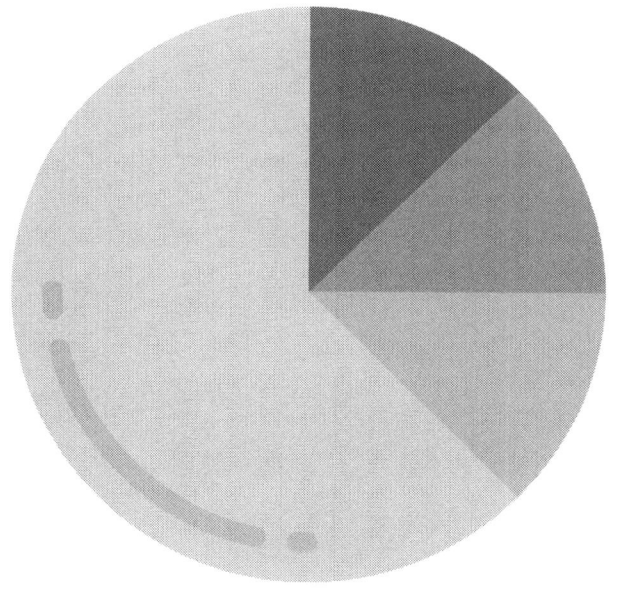

Cosas que deseamos mejorar

CAPÍTULO X.

CONTROL, MALTRATO Y VIOLENCIA EN LA PAREJA.

Kenny había sido un jugador estrella en el equipo de fútbol de su escuela secundaria durante años. Él era el capitán y todos lo miraban como un ejemplo de determinación y empuje. El manejaba mucho control sobre los demás, cosa que en los deportes es aceptable y bien valorado. Sin embargo, nadie sabía que Kenny estaba luchando con algunos demonios internos que lo consumían lentamente y le llevaban a comportarse violentamente ante situaciones que sobrepasaban su techo de tolerancia.

Un día, durante la práctica, algo se rompió dentro de Kenny. De la nada, comenzó a gritarle a uno de sus compañeros que se había equivocado al devolverle el balón. Sin previo aviso, se lanzó hacia adelante y comenzó a empujar y empujar al otro jugador mientras les lanzaba insultos. El resto del equipo se quedó en estado de shock mientras veían a su amado líder convertirse en alguien irreconocible ante sus ojos.

El entrenador corrió rápidamente para intervenir, pero ya era demasiado tarde; Kenny ya había cruzado una línea que no se podía descruzar. Fue retirado del campo de inmediato y suspendido indefinidamente de jugar más juegos o practicar con su equipo debido a su arrebato violento hacia otro compañero de equipo, un incidente que sin duda tendría repercusiones a largo plazo en la moral del equipo, así como en la futura carrera de Kenny.

En última instancia, el entrenador a pesar de condenar los actos de Kenny, trató de que su víctima hiciera las paces con él. Mark, el que recibió los golpes, puso límites y le dijo: "lo siento capitán, usted tendrá que elegir entre Kenny y yo, porque no sería capaz de seguir haciendo equipo con alguien que en cualquier momento me ataque sin motivos. No me interesa ganar así".

Si tú fueras el entrenador, sabiendo que Kenny tiene mejores números, más dominio sobre sus compañeros, y que es temido por los equipos contrarios… ¿A quién hubieras elegido, a Kenny o a Mark? ¿Qué harías si en vez de fútbol ocurriera con un equipo de cónyuges? ¿Recomendarías una reconciliación, denunciarías a uno judicialmente o qué otra cosa harías?

EL EJERCICIO DEL CONTROL EN LA PAREJA

Cuando uno de los miembros de una relación ejerce un control o una gestión del poder excesivo sobre el otro, puede ser perjudicial para ambas partes. Es habitual que las parejas tengan desacuerdos y discusiones, pero cuando uno de los miembros utiliza tácticas de poder y control, puede desembocar en una dinámica insana que rompa el equilibrio en la relación. Puede empezar con comportamientos aparentemente inofensivos, como tomar decisiones sin consultar a la otra persona, criticar sus pensamientos u opiniones o intentar persuadirla para que esté de acuerdo con su forma de pensar. Pero con el tiempo, estas tácticas pueden volverse más extremas e incluso abusivas a medida que la pareja controladora intenta conseguir el dominio total sobre su contraparte.

Las consecuencias de este tipo de comportamiento son graves y duraderas. No solo crea un sentimiento de impotencia en el otro miembro de la pareja, pero también puede provocar sentimientos de resentimiento y desconfianza. En casos extremos, puede incluso causar maltrato físico o psicológico. Es importante que las parejas reconozcan este tipo de comportamiento y lo aborden antes de que se agrave. La comunicación abierta es clave para crear una relación sana en la que ambos miembros de la pareja se sientan capacitados y respetados. Si uno de los miembros de la pareja sigue utilizando tácticas de control o manipulación, puede ser necesario buscar ayuda profesional para resolver el problema. Con comprensión y apoyo, las parejas pueden crear relaciones sólidas basadas en la confianza, el respeto y la comprensión mutua.

EL MALTRATO

¿Qué es el maltrato en una relación?

El maltrato es una forma de abuso en una relación. Comprende un patrón de comportamientos tóxicos que existen en una relación íntima o romántica. Más concretamente, el maltrato en una relación implica que uno de los miembros de la pareja se comporte de forma maliciosa o manipuladora, con el objetivo último de obtener poder y control sobre el otro.

MALTRATO DOMÉSTICO FRENTE A OTROS TIPOS DE MALTRATO

Aunque el maltrato a menores y ancianos puede darse en el contexto de la domesticidad, aquí el término "maltrato doméstico" se refiere al maltrato en una relación que implica una dinámica de poder entre dos parejas íntimas. También puede ayudar a aclarar que el maltrato en una relación es diferente del acoso, en el que el maltratador y el maltratado pueden tener poca o ninguna relación o vida en común.

MALTRATO FÍSICO

El maltrato físico es cualquier tipo de violencia que provoque daños físicos. Puede incluir golpes, patadas, puñetazos, asfixia y uso de armas. El maltrato físico también puede consistir en obligar a alguien a consumir drogas o alcohol.

ABUSO SEXUAL

El abuso sexual es cualquier tipo de contacto sexual no deseado o que obliga a alguien a hacer algo contra su voluntad. Puede incluir violación, agresión sexual, incesto y acoso sexual.

MALTRATO EMOCIONAL

El abuso emocional es cualquier tipo de comportamiento que busca controlar o manipular a otra persona mediante el uso del miedo, la intimidación o la humillación. Puede incluir insultos, menosprecios, críticas constantes y *gaslighting*.

ABUSO ECONÓMICO

El abuso económico es cualquier tipo de comportamiento que controle a otra persona mediante el uso de dinero o recursos. Esto puede incluir retener dinero, controlar cómo se gasta el dinero o tomar decisiones financieras sin la opinión de la otra persona.

ABUSO ESPIRITUAL

El abuso espiritual es cualquier tipo de comportamiento que controla a otra persona mediante el uso de la religión o la espiritualidad. Esto puede incluir obligar a alguien a adherirse a un determinado sistema de creencias religiosas, impedirle practicar su propia religión o utilizar las creencias religiosas para justificar un comportamiento abusivo.

MALTRATO PSICOLÓGICO

El maltrato psicológico es cualquier tipo de comportamiento que cause daño psicológico. Puede incluir *gaslighting*, juegos mentales, manipulación e intimidación. El maltrato psicológico también puede consistir en obligar a alguien a hacer algo en contra de su voluntad o impedirle hacer algo que quiere hacer.

MALTRATO SOCIAL

El abuso social es cualquier tipo de comportamiento que controla a otra persona mediante el uso de las relaciones sociales o el estatus social. Esto puede incluir aislar a alguien de sus amigos y familiares, controlar a quién ve y con quién habla, y dictar lo que lleva puesto y adónde va.

CICLO DE VIOLENCIA

La violencia de pareja, el maltrato y el control son síntomas de un ciclo malsano en las relaciones. Normalmente, este ciclo comienza con un periodo de tensión entre la pareja. Durante esta etapa, el agresor puede expresar sus sentimientos culpando o criticando a su pareja y adoptando otros comportamientos de control. La víctima suele intentar evitar más conflictos accediendo a lo que el maltratador quiere.

La segunda fase consiste en el incidente violento propiamente dicho, que puede adoptar muchas formas, como abuso físico, emocional, verbal y/o sexual. Suele ir seguida de un periodo de "luna de miel" en el que el agresor expresa remordimientos y promete cambiar, al tiempo que intenta compensar los errores del pasado. Esta falsa sensación de seguridad lleva a las víctimas a permanecer en situaciones peligrosas más tiempo del que les gustaría.

Al final, el ciclo vuelve a empezar con una tensión creciente, seguida de otro incidente violento y luego una fase de luna de miel. Este patrón de comportamiento puede arraigarse con el tiempo, creando un ciclo malsano de violencia y control difícil de romper. Es importante comprender este ciclo para evitar que las situaciones de abuso se agraven o se repitan.

También es esencial que las víctimas de malos tratos por parte de la pareja busquen el apoyo de amigos, familiares o profesionales que puedan proporcionarles orientación y recursos para ayudarles a salir de su situación de forma segura. Si usted o alguien que conoce, está sufriendo violencia, maltrato o control por parte de su pareja, busque ayuda lo antes posible. Existen recursos para ayudar a los afectados por la violencia doméstica a encontrar el apoyo que necesitan. Con la ayuda y la asistencia adecuadas, las víctimas pueden salir de este ciclo tóxico de violencia y abusos.

Si usted es víctima de violencia doméstica, es importante recordar que hay ayuda disponible. Hay muchas formas de ayuda hoy en día para las víctimas de la violencia doméstica, como servicios jurídicos, grupos de apoyo y refugios.

Servicios jurídicos: es posible que desee ponerse en contacto con un abogado o grupo jurídico especializado en cuestiones de violencia doméstica. Pueden asesorarle sobre cómo conseguir órdenes de alejamiento y otras medidas de protección contra la persona agresora. También pueden ayudarle a comprender sus derechos en relación con el divorcio, la custodia de los hijos y otros asuntos relacionados.

Grupos de apoyo: Los grupos de apoyo están formados por personas que han sufrido abusos similares y ofrecen apoyo emocional y consejos prácticos para hacer frente a las secuelas de los abusos. Es importante encontrar un espacio seguro donde puedas compartir tu historia y obtener ayuda. Algunas iglesias cuentan con estos servicios, otras no.

Centros de acogida: los refugios son lugares seguros donde las víctimas de la violencia doméstica pueden alojarse mientras vuelven a encontrar su equilibrio. Estos refugios ofrecen comidas, asesoramiento, servicios jurídicos y otros tipos de ayuda a quienes la necesitan.

También es importante recordar que nadie merece ser víctima de la violencia doméstica. Tienes derecho a sentir seguridad, respeto y cuidado. Si usted o alguien que conoce, sufre malos tratos, es importante pedir ayuda lo antes posible. Hay muchos recursos disponibles para las víctimas de la violencia doméstica y la gente no debe dudar en buscar ayuda cuando la necesite.

LA VIOLENCIA NO TIENE GÉNERO

La violencia no conoce género: todas las personas, independientemente de su sexo o identidad de género, pueden ser víctimas. Debemos recordar esta verdad en nuestros esfuerzos por acabar con todas las formas de violencia contra todas y cada una de las personas.

Una abanderada de este concepto es la política y excongresista española Macarena Olona, quien se alzó ante plena asamblea con este discurso: "El hombre no viola, viola un violador. El hombre no mata, mata un asesino. El hombre no maltrata, maltrata un maltratador. Y el hombre no humilla, humilla un cobarde [...] ¡La violencia no tiene género, señorías!".

El mensaje de Macarena Olona a la asamblea fue claro: la violencia no discrimina. En un momento en que las mujeres de todo el mundo seguían luchando por la igualdad de derechos, sus palabras contribuyeron a llamar la atención la forma en que vemos la violencia, vinculándola unidireccionalmente a un género. Desde entonces, su discurso se ha citado de diversas formas como ejemplo de cómo el pensamiento puede afectar la percepción. Además, sirve como importante recordatorio de que hombres y mujeres por igual deben permanecer unidos contra la injusticia y luchar por una sociedad en la que todos sean tratados con dignidad y respeto. La igualdad de derechos para hombres y mujeres es esencial si queremos lograr un verdadero derecho en nuestras sociedades actuales. Hagamos nuestras las palabras de Macarena Olona: "¡La violencia no tiene género, señoras y señores!". Juntos podemos conseguir un mundo en el que se respeten y protejan los derechos de todos. Solo entonces podremos decir de verdad que prevalecen la justicia y la equidad.

Aunque Macarena Olona lanzó su poderoso mensaje en un país específico, sigue siendo igual de relevante en todo el mundo, hoy en día. Sus palabras siguen inspirando a personas de todo el mundo que trabajan para crear sociedades con más garantías y combatir la injusticia en todas sus formas. Nos debemos a nosotros mismos —y a las generaciones futuras— actuando contra la injusticia dondequiera que exista y solidarizándonos con los afectados por cualquier tipo de violencia. De este modo, nos aseguraremos de que su mensaje siga vigente durante muchos años, hasta que ya no sea necesario predicarlo.

PREGUNTAS PARA CRECER JUNTOS:

1. ¿Cuáles pasos tiene el ciclo de la violencia?

2. ¿Cuáles son algunas de las señales de advertencia de que en un matrimonio puede existir violencia?

3. ¿Por qué cree que algunas personas deciden permanecer en matrimonios con maltratadores?

4. ¿Qué opinión te merecen las declaraciones de Macarena Olona?

5. ¿Cómo este material les ayuda a verse a ustedes mismos como pareja?

Algo que deseo confesarte

Nota 1: No tienes que confesar el veneno que pusiste a la suegra, puedes poner algo sencillo, como el postra que tomaste de la nevera.

Nota 2: Si tienen niños o mascotas, no pierdan su tiempo, Jamás lo van a confesar.

La última vez que oramos juntos

Defíneme en una palabra

CAPÍTULO XI

LOS 7 PODERES DE UN MATRIMONIO GANADOR

El matrimonio es una institución que ha existido en nuestra sociedad desde hace siglos, pero más que eso es un equipo que nació para ganar. Su diseño no es el fracaso, sino la victoria. Las ideologías sobre el mismo han evolucionado con el tiempo pretendiendo adaptarse a las nuevas necesidades y expectativas de las personas.

La gente elige vivir en pareja para así poder compartir sus experiencias con alguien y crear un vínculo definitivo que permita consolidar una base a partir de la cual formar una familia. Esto a su vez brinda un entorno de apoyo, confianza y seguridad para ellos y para sus posibles futuros hijos. Además, también nos brinda un sentido de estabilidad emocional y compromiso a largo plazo, y permite a las personas construir una vida conjunta basada en objetivos comunes y metas compartidas. Esta unión permite a los cónyuges complementarse mutuamente, apoyarse en momentos difíciles y enriquecerse entre sí.

Sin embargo, mantener un matrimonio a flote no es nada fácil. Es común que las personas evolucionen y cambien a lo largo del tiempo, especialmente en cuanto a gustos, intereses y objetivos personales. Esto puede ser especialmente desafiante en un matrimonio, donde dos personas están comprometidas a pasar el resto de sus vidas juntas. Cuando los cónyuges comienzan a desarrollar diferentes gustos e ideas sobre cómo vivir sus vidas, pueden surgir tensiones y desacuerdos. Mantener una relación a lo largo de los años requiere una gran cantidad de flexibilidad y compromiso de ambas partes para aceptar los retos y apoyar las evoluciones individuales.

Debido a eso, nosotros en vez de plantear el compromiso a la luz de las obligaciones, lo planteamos en virtud de los objetivos de la pareja. Por eso, preferimos vernos como equipo ganador y no como empleados de un sistema en el que trabajamos para que nos den algún beneficio. Somos un equipo porque trabajamos juntos para ganar juntos. Un equipo donde no hay un jefe y un subordinado, donde no competimos entre nosotros, sino nosotros contra el mundo.

Sin embargo, las presiones y desafíos de la vida diaria, así como las diferencias personales, pueden poner a prueba la fortaleza de la unión matrimonial. Pero a pesar de estos obstáculos, muchas parejas son capaces de superarlos y mantener un matrimonio fuerte y saludable.

Ahora bien, el matrimonio puede variar enormemente en función de la cultura, la religión y las circunstancias personales de cada pareja. Algunos matrimonios pueden ser más tradicionales, mientras que otros pueden ser más modernos. No obstante, cuando hablamos de relaciones interpersonales existen ciertos fundamentos que son transversales. Observaremos justamente de algunos de estos fundamentos y cómo podemos potenciar una relación matrimonial. Nos centraremos en siete factores, específicamente:

1. El elogio.

2. El reconocimiento.

3. La gratitud.

4. La solidaridad.

5. La confianza.

6. El soñar juntos.

7. El pasar tiempo juntos.

EL PODER DEL ELOGIO

Aprender a valorar a nuestra pareja es clave para mantener una relación fuerte y saludable. Muchas veces, subestimamos el poder de un simple elogio. Sin embargo, pueden tener un impacto significativo en la dinámica de la relación. Demostrar afecto a nuestra pareja a través de palabras de afirmación es una de las formas más poderosas y fáciles de expresar cariño. Sin embargo, es importante recalcar que estos elogios deben ser sinceros y asertivos, puesto que de lo contrario pueden ser malinterpretados. Uno de los errores más comunes ocurre cuando alguien usa estas palabras de afirmación reiteradamente sin tomarle el peso a lo que dice. Esto suele ser contraproducente, puesto que pierden su impacto.

Se ha demostrado que las palabras de afirmación son uno de los lenguajes del amor. Las personas que se identifican con este lenguaje, se sienten especialmente queridas cuando reciben palabras positivas y motivadoras. Esto puede incluir elogios, cumplidos y palabras de apoyo. Por el contrario, estas personas suelen reaccionar negativamente frente a críticas y comentarios negativos. Por supuesto, esto no quiere decir que no podamos ser sinceros con ellos, pero sí es importante tener esto en cuenta cuando queramos abordar temas delicados. Podemos, por ejemplo, fijarnos en nuestro tono y prestar especial atención al cómo expresamos nuestras ideas.

Es por eso que es crucial dedicar tiempo a apreciar los esfuerzos de nuestra pareja, y no subestimar el poder de un simple elogio o gesto de agradecimiento. Al hacerlo, estamos fortaleciendo nuestra relación y fomentando una dinámica positiva y armoniosa. Esto puede consistir en cosas tan simples como felicitar a nuestra pareja por cómo ha afrontado una situación determinada; halagar su forma de expresarse o su forma de vestir. También podemos apoyar sus decisiones y darle un refuerzo positivo que le permita ver que confiamos en él o ella.

Es esencial para una relación sana y feliz que ambos miembros se esfuercen por reconocer y apreciar los esfuerzos de la otra persona. A menudo, nos enfocamos tanto en lo que falta en nuestra relación que nos olvidamos de enfatizar lo que está funcionando. Esto puede llevar a una sensación de insatisfacción y descontento. Por otro lado, cuando reconocemos y celebramos los logros y esfuerzos de nuestra pareja, les motivamos a seguir adelante.

Además, un simple cumplido puede hacer maravillas para la autoestima, confianza y el bienestar emocional de nuestra pareja. Los elogios no solo les hacen sentir valorados y queridos, sino que también pueden mejorar la conexión emocional de la pareja.

EL PODER DEL RECONOCIMIENTO

Todas las personas necesitan sentir que aportan algún tipo de valor, especialmente en una relación de pareja. Es fundamental que podamos sentirnos útiles y que nuestra pareja reconozca nuestra valía dentro de la relación. Este reconocimiento no se limita únicamente a nuestros sacrificios y logros, sino que va mucho más allá. Cuando nuestra personalidad, nuestras ideas y nuestra forma de ver el mundo son reconocidas por nuestra pareja, esto nos ayuda a reforzar nuestra propia autoestima. Nos da confianza y fortalece el vínculo emocional entre la pareja, ya que demuestra que ambos se preocupan y aprecian al otro. Además, esto nos dará el impulso para seguir trabajando en la relación, para seguir buscando nuevas formas de crecer. Dejamos de poner esfuerzo en la relación cuando nos damos cuenta de que, a pesar de todos nuestros esfuerzos, la otra persona no se da cuenta de todo lo que hacemos por ellos y solo se fijan en lo que no les gusta.

Es muy fácil después de meses y años en una relación olvidar estos principios fundamentales. No nos damos cuenta de que lo único que hacemos es reprochar a la otra persona y damos por sentado sus sacrificios, ya sea proveer en términos económicos, ocuparse de las tareas domésticas o no olvidar esos gestos para tratar de agradarnos y hacernos felices. Es por esto que es necesario de vez en cuando darnos el tiempo para analizar el estado de nuestra relación y comunicarnos abiertamente con nuestra pareja. Eso sí, si decidimos entablar una conversación sobre el tema, debemos ser capaces de mantener una mente abierta y no ponernos a la defensiva después de escuchar la primera crítica.

Otras veces, la razón por la cual dejamos de apreciar a nuestra pareja es porque dejamos de prestar atención y de esforzarnos. Esto ocurre muchas veces sin que nosotros mismos nos percatemos. Es natural en toda relación de pareja crear rutinas y dinámicas que sin darnos cuenta terminan convirtiéndose en hábitos. De esta manera terminamos volviéndonos cómodos y dejamos de trabajar activamente en la relación. Dejamos que las cosas sigan su curso, hasta que un día nos damos cuenta de que ya no nos sentimos de la misma manera que nos sentíamos al principio de la relación.

Para evitar esta situación cada vez más común en las relaciones modernas es importante mantenernos activos. Toda relación conlleva trabajo y esto significa, en parte, mantener una actitud proactiva en la relación. Entender que el matrimonio no es el fin del trayecto, sino el comienzo de una nueva etapa, la cual requiere que ambos cónyuges continúen profundizando en la relación para evitar que esta se deteriore. Una parte importante de este proceso, es apreciar a nuestra pareja y todo lo que hacen por nosotros. Esto no significa enfocarnos únicamente en lo positivo. También debemos ser capaces de aceptar y valorar sus defectos y limitaciones.

Incluso en las mejores relaciones, el 70% de las discusiones se deben a pequeños conflictos que nunca se terminan de solucionar. Generalmente, estas disputas se deben a que uno de los individuos tiene una característica (o carece de ella) y esto molesta a la pareja. Puede parecer algo inofensivo, pero esto termina por convertirse en un problema recurrente que termina por carcomer la relación. Para mejorar tu matrimonio puede ser muy beneficioso aprender a aceptar las fortalezas y debilidades de tu compañero, en vez de intentar forzarlos a cambiar aspectos inherentes a su personalidad.

Para lograr esto, es necesario que reevalúes qué tan serio es el problema. A veces nos podemos molestar por una peculiaridad de nuestra pareja que realmente no tiene mayor trascendencia. Por ejemplo, nos puede irritar que no sepan utilizar ciertos aparatos tecnológicos. Esa frustración puede llegar a ser desproporcional, pues realmente esto no es un problema de verdad. En este caso, podrías fijarte en todas aquellas cualidades positivas que tu pareja sí tiene, por ejemplo, su lealtad y sus ganas de superación. Al final de cuentas, esto es mucho más importante que si puede o no usar un electrodoméstico.

A veces estas frustraciones esconden algo más importante, algo que valoras. Siguiendo el ejemplo anterior, quizás algo que valoras sin darte cuenta es que las personas mantengan sus mentes ágiles y para ti eso significa que deben entender cómo funcionan ciertas cosas o al menos intentar comprenderlo por sí mismos. Una vez que entiendes por qué un comportamiento te molesta tanto, puedes tratar de hablar de ello con tu pareja, pero ten en cuenta que para eo o ella puede que no tenga el mismo valor. En este caso, si esa persona no va a cambiar, lo único que te queda es tratar de aceptarlo y encontrar formas de aminorar el impacto que esto tiene sobre ti.

Volviendo al tema del reconocimiento, cuando una persona siente que su pareja los estima por ser quienes son, con todos sus defectos y sus virtudes, es más probable que se sienta comprometido con la relación y que tenga más ganas de seguir trabajando por mejorarse a sí mismo. Esto, a su vez, puede mejorar la confianza y fortalecer el vínculo emocional que existe entre ambos.

Esto no solo ocurre en las relaciones de pareja. Lo podemos ver claramente en otras áreas, como el trabajo. Para quién preferirías trabajar: ¿para un jefe que se fija en tus contribuciones y que te felicita cuando ve un trabajo bien hecho o un jefe que nunca dice nada positivo y solo te dirige la palabra cuando has cometido un error?

En definitiva, sentirse valorado y reconocido es un elemento fundamental para el éxito y la felicidad en una relación.

EL PODER DE LA GRATITUD

El aprender a tener una actitud de agradecimiento frente a la vida es una de las lecciones más importantes que podemos aprender. No solamente porque nos hará más felices, sino porque es una de las mejores formas de optimizar nuestra determinación, entusiasmo y energía frente a cualquier situación en la vida. Existen una serie de estudios que han demostrado el poder de la gratitud. La mayor parte de estos estudios sigue a un grupo de personas quienes deben escribir semanalmente todo aquello por lo que se sienten agradecidos. Estas personas mostraron una mejora en su optimismo frente a la vida, pero además esto afectó su comportamiento, comenzaron a ser más constantes con sus hábitos alimenticios y con sus rutinas de ejercicio. Otros estudios también demostraron que sentir gratitud mejora la calidad del sueño y aminora los síntomas de la ansiedad y depresión. Esto se debe a que al enfocarnos en los estímulos positivos, dejamos de lado los negativos. Es decir, si nos enfocamos en los pensamientos positivos y dejamos de lado la autocrítica excesiva, podemos cambiar nuestros comportamientos y esto se convierte en un círculo virtuoso.

No siempre es fácil recordar que debemos sentirnos agradecidos, pues nos acostumbramos rápidamente a las comodidades que nos rodean y dejamos de verlas como algo especial. ¿Cuándo fue la última vez que te duchaste y apreciaste el milagro de tener agua cayendo sobre ti cada mañana? La gratitud requiere práctica, como cualquier otra habilidad. En el contexto de una relación amorosa, el sentirnos agradecidos por nuestra pareja genera más conexión y satisfacción. Ahora bien, es importante entender que estos beneficios solo aplican cuando nuestra pareja es receptiva a nuestras muestras de gratitud, de lo contrario, no tendrán mayor impacto en la relación. Esto nos demuestra que ambos individuos deben estar igualmente comprometidos a trabajar en la relación.

Podemos demostrar gratitud de muchas maneras, pero lo más importante es entender cómo tu pareja experimenta y expresa su amor y afecto. Como mencioné anteriormente, existen distintos lenguajes del amor: palabras de afirmación, tiempo de calidad, regalos, servicios y contacto físico. La razón por la cual es importante entender qué quiere tu pareja es porque si ellos prefieren pasar tiempo de calidad contigo, darles regalos continuamente no servirá de nada. En ese caso sería mejor regalarles una tarde completa, donde dedicas tu tiempo exclusivamente a pasar tiempo con ellos. Esto les demostrará que son importantes para ti y que estás dispuesto a buscar el tiempo para mejorar la relación.

El error que cometen muchos es pensar en lo que les gustaría a ellos, pero en estos casos, debemos entender qué busca nuestra pareja o todos nuestros esfuerzos serán en vano. Si nuestra pareja, en cambio, prefiere que le demostremos nuestro cariño en forma de servicios, podríamos llevarle el desayuno a la cama o tomar la iniciativa y hacer algo que generalmente nunca haríamos para que descansen y puedan usar su tiempo como ellos prefieran.

En el caso de palabras de afirmación, de las que hablamos anteriormente, es importante que seamos específicos. Debemos evitar esos cumplidos genéricos como "gracias por todo lo que haces" o "no sé qué haría sin ti". Si bien estos cumplidos suenan bien, y a veces es justamente lo que la persona quiere escuchar. Otras veces es necesario ser más específicos. Esto mismo ocurre con las disculpas, siempre es mejor ser específicos y decir por qué nos estamos disculpando. Esto hace que sea más real y tangible, lo que hará que suene mucho más sincero.

Hay ciertas fechas en las que esperamos gestos románticos de parte de nuestra pareja, pero no debemos olvidar mostrar nuestra gratitud durante el resto del año. No se trata de preparar citas elaboradas o comprar regalos carísimos. Puede ser mucho más simple que eso.

1. **Pequeños gestos:**

- Comprar o prepararles su comida favorita.

- Demostrar interés por su trabajo o por su día.

- Escuchar sus historias, aunque alguna ya la hayas escuchado.

- Dejarles escoger la serie o película que verán esa tarde.

- Lavar los platos o encargarte de alguna de las tareas de casa.

- Llamarles por teléfono en vez de enviar un mensaje de texto.

- Encargarte de organizar un plan en vez de debatir qué van a comer o qué película van a ver.

- Traerles un souvenir de tu viaje.

- Llevarles el desayuno a la cama o prepárale su taza favorita.

- Dejarles una nota.

- Etiquetarlos en un post en las redes sociales que te recuerde a ellos, les hará sonreír.

2. **Atenderle:**

Uno de los principales indicadores de que una relación va por mal camino es cuando ambas partes dejan de escucharse. Es por lo tanto esencial que dejemos que la otra persona se exprese sin interrupciones. Debemos aprender a escuchar pacientemente y respetar lo que la otra persona nos está tratando de comunicar. Una buena práctica a la hora de hablar con alguien es dejar todo lo demás de lado y enfocarnos completamente en la conversación. Eso significa dejar de mirar el teléfono o de tratar de hacer otras tareas mientras hablas con tu pareja. Es vital darnos cuenta del valor que tiene crear un espacio para poder comunicarnos abiertamente y tener esas conversaciones difíciles.

3. **Interésate por sus hobbies:**

Fíjate en sus pasatiempos, ¿qué le gusta hacer en su tiempo libre? Si ambos comparten los mismos pasatiempos, mejor aún, pero si no, no pasa nada. Trata de pasar más tiempo haciendo lo que la otra persona disfruta. Esto te permitirá ver un lado de ellos que no sueles ver y ellos percibirán el esfuerzo que estás haciendo por pasar más tiempo con ellos y darles el gusto.

Todas estas prácticas te permitirán demostrar gratitud a tu pareja y te darán una oportunidad para conocer sus diferentes facetas. Sobre todo, trata de demostrarles que agradeces que sean parte de tu vida.

EL PODER DE LA SOLIDARIDAD

En cualquier relación romántica apoyarse mutuamente es esencial. Las relaciones unilaterales siempre terminan mal. Es por esto que es importante que ambos estén comprometidos a tener en cuenta las necesidades del otro, además de las propias. Tener un compañero que muestra empatía y solidaridad en los momentos difíciles lleva a una mayor satisfacción en la relación.

Para poder lograr ser más solidario con los demás, especialmente con tu pareja, es necesario que trabajes tu empatía. Por ejemplo, si tu pareja llega cansada del trabajo y con ganas de desahogarse sobre algo que ocurrió durante el día, trata de entenderlo antes de frustrarte con su actitud. Es fácil caer en la frustración cuando no entiendes por lo que está pasando la otra persona. Trata, en cambio, de ponerte en su lugar, esto demuestra mucho más respeto hacia tu pareja y ayudará a que se sientan más conectados. También aumentará el nivel de confianza entre ambos.

Cuando uno de ustedes lo esté pasando mal, recuérdale que son un equipo y que tú estarás ahí para ayudarle a sobrellevar cualquier situación. Esto no significa agobiar a la persona con nuestra presencia a todas horas. Es importante darle espacio a tu pareja de vez en cuando. Esto ayudará a crear una relación más equilibrada.

EL PODER DE LA CONFIANZA

La confianza mutua es un pilar fundamental en cualquier relación, especialmente en un matrimonio. La confianza es lo que nos permite ser vulnerables y exponer nuestros verdaderos sentimientos y pensamientos ante nuestra pareja. Sin confianza, nuestra relación se vuelve tóxica y superficial, y comenzamos a tener miedo de ser nosotros mismos frente al otro.

El amor y la confianza son interdependientes en una relación. La confianza nos permite ser nosotros mismos ante nuestra pareja, lo que a su vez nos permite sentir amor profundo y verdadero. La confianza mutua permite aceptar la incertidumbre en la relación y confiar en la buena voluntad, respeto y sinceridad de la otra persona.

Pero, ¿cómo se cultiva la confianza mutua en una relación? La clave está en ser honestos y abiertos con nuestras parejas, ser vulnerables y compartir nuestras verdaderas emociones y pensamientos. También es importante ser consistentes en nuestras acciones y palabras, y no traicionar a la otra persona.

Además, es importante aprender a perdonar y dejar ir el pasado. No se trata de olvidar, sino de aprender a confiar en la otra persona de nuevo. La confianza mutua se construye día a día, a través de pequeños actos de amor y consideración, y requiere esfuerzo y compromiso de ambas partes.

Por otro lado, es importante trabajar juntos para resolver los problemas y superar las dificultades en la relación. Si hay una falta de confianza, las pequeñas disputas pueden convertirse en conflictos grandes y difíciles de resolver. Pero con una base sólida de confianza, las parejas pueden trabajar juntos para resolver los problemas y fortalecer su relación.

Una de las formas de fortalecer la confianza es a través de la comunicación abierta y sincera. La comunicación efectiva permite a las personas comprender las perspectivas y necesidades del otro. La escucha activa y la empatía también son importantes para la construcción de la confianza.

Pero, ¿cómo podemos mejorar el nivel de confianza en una relación?

Uno de los pilares fundamentales a la hora de trabajar la confianza en una relación es el respeto mutuo. Esto se ve reflejado en la forma en que las parejas se tratan diariamente. El respeto no se trata de controlar a alguien u obligarles a hacer algo. El respeto está ligado a la libertad de ser uno mismo y ser amado por quien se es. Esto también significa que debes respetarte a ti mismo. Nadie es perfecto, pero todos merecemos que se nos trate con respeto y eso quiere decir que nosotros mismos debemos respetar nuestros estándares y límites personales.

Y lo más importante de todo: sé vulnerable. Cualquier relación exitosa depende de que ambos individuos sean sinceros con el otro. El ser vulnerable y expresar tus sentimientos, aunque puede ser incómodo y doloroso, te permite mejorar la confianza en la otra persona y en la relación en general. Debes ser capaz de admitir tus errores y de mantener tus promesas, de lo contrario, será prácticamente imposible que tu pareja confíe en ti.

EL PODER DEL SOÑAR JUNTOS

Tener una visión clara de cómo quieren que se vea su futuro juntos es fundamental para lograr sus objetivos. Esto les ayudará a mantenerse enfocados, motivados y a crear una vida juntos llena de significado y propósito.

Pero, ¿cómo pueden las parejas crear planes, metas y sueños en conjunto?

Antes de poder crear planes y objetivos juntos, es importante que las parejas se comuniquen abierta y honestamente sobre sus deseos y expectativas para el futuro. Esto a veces puede ser difícil, sobre todo, cuando sus visiones del futuro son muy disparejas. Por ejemplo, si una persona sueña con poder vivir fuera de la ciudad, poder respirar el aire puro del campo y disfrutar de una vida tranquila junto a su familia, mientras que el otro quiere vivir en la ciudad, rodeado de museos, teatros, centro comerciales y demás. Esto puede ser difícil de conciliar. No obstante, es fundamental poner todas las cartas sobre la mesa y ver cómo se pueden acomodar ambas visiones. Quizás ambos pueden ceder: 6 meses en un sitio y 6 en el otro, por ejemplo. Lo importante es ser capaces de hablar de estas cosas y poder plantear estos problemas abiertamente para asegurarnos de estar trabajando hacia la misma meta.

Soñar junto a nuestras parejas sobre todas las posibilidades y planes futuros es una manera muy poderosa de reforzar una relación. Cuando planeamos un futuro en conjunto, esto fortalece nuestro compromiso hacia esa persona. Nos demuestra que sentimos un nivel de anticipación y esperanza cuando visualizamos ese futuro. Nutre la relación y ayuda a profundizar los lazos ya existentes. Además, esto nos ayudará a vivir más intencionalmente, pues tendremos metas concretas y un plan de acción que pondremos en marcha. A su vez, esto nos dará un propósito y ganas de seguir adelante, esforzándonos por conseguir nuestros sueños.

El poder soñar junto a nuestra pareja es una de las mejores maneras de reavivar la pasión. No hay nada más emocionante que tener planes a futuro que nos ilusionan y motivan a seguir adelante, pero es importante entender que no son estos sueños lo que nos dan esa energía, sino el camino que debemos emprender para llegar a la meta. Una vez hayamos cumplido ese sueño en particular, tendremos que pensar en otros planes que nos ilusionen. Así mismo, deberemos ir ajustando nuestras expectativas e ideas a medida que avanzamos, puesto que quizás lo que nos hacía ilusión hace unos años ya no nos llena de la misma manera. Esto es normal, por supuesto, nuestros gustos e intereses van cambiando a medida que pasa el tiempo y debemos ser capaces de adaptarnos a nuestras nuevas circunstancias.

¿Por qué es tan importante soñar con tu pareja?

Porque cuando soñamos con nuestra pareja logramos unir nuestras visiones para el futuro, en vez de volvernos cada vez más incompatibles. Cuando conversamos con nuestras parejas sobre nuestras ideas para el futuro, lo que estamos haciendo es profundizar en el por qué estos sueños son tan importantes para nosotros. Por ejemplo, quizás cuando eras pequeño tu familia se mudó varias veces y siempre alquilaban un departamento. Quizás ahora el comprar una casa es una de tus principales prioridades ya que buscas esa sensación de seguridad y estabilidad que echaste de menos de pequeño.

Esto nos permitirá pensar más a fondo sobre nuestros valores, sobre nuestras carreras profesionales y otros aspectos de la vida. Es primordial que cuando pensemos en todas estas cosas lo hagamos de manera realista y que seamos capaces de visualizar estos futuros. Una vez hayamos pensado a fondo estos planes, deberemos crear un plan detallado con fechas que nos permitan aterrizar estas ideas.

EL PODER DE PASAR TIEMPO JUNTOS Y SER ESPONTÁNEOS

Como hemos visto hasta ahora, toda relación requiere que ambos individuos inviertan tiempo y esfuerzo en cultivar la relación para que se mantenga saludable y próspera. Esto significa pasar tiempo juntos, disfrutar de la compañía del otro y encontrar momentos para conectarse y fortalecer la relación.

Si bien todos estamos ocupados con las responsabilidades del día a día, debemos encontrar algo de tiempo en la semana para hacer algo especial con nuestra pareja. Esto puede incluir cenar juntos, hacer alguna actividad que rompa un poco con la monotonía o simplemente pasar tiempo juntos sin distracciones. Todo esto dependerá de sus gustos. Hay personas, por ejemplo, que se sienten queridas con el contacto físico, como abrazos, besos y caricias. Esto puede incluir el contacto físico durante momentos de intimidad y también gestos simples, como tomar de la mano o dar un abrazo cuando alguien está pasando por un momento difícil.

Un último consejo es tratar de ser más espontáneos. Esta es una cualidad que para algunas personas es parte de su personalidad. Otros, en cambio, son mucho menos flexibles y les cuesta mucho más. Pero no se desanimen, esto es algo que se puede practicar. Muchas parejas, después de varios años de convivencia, pueden sentir que el romance y espontaneidad de su relación es prácticamente nulo. Esto ocurre y no es de extrañar. No obstante, hay varias cosas que podemos hacer para reconectarnos con nuestra relación.

- Planea una escapada sorpresa para tu pareja: esto añadirá algo de diversión al fin de semana. Explorar un nuevo lugar puede ser una experiencia muy divertida y romántica. No requiere demasiado esfuerzo, solo escoge un lugar y sorprende a tu pareja.

- Prueba algo nuevo: ya sea un nuevo restaurante o incluso preparar una cena especial en casa. Esto les ayudará a recordar que cuando se dejan los problemas de lado, aunque sea por un momento, es posible disfrutar de la compañía de nuestras parejas como lo hacíamos en un principio.

- Hacer una clase juntos: aprender a cocinar o ir a una clase de gimnasia. Esto puede darles una oportunidad para disfrutar de algo nuevo juntos. Podrán compartir anécdotas y crear un hábito en conjunto. Es una oportunidad más para afianzar los lazos.

No importa el plan, lo importante es disfrutar de la compañía del otro, tener conversaciones significativas y profundas, y aprender a resolver conflictos de manera efectiva. Con el tiempo y el esfuerzo adecuados, cualquier pareja puede fortalecer su relación y disfrutar de una vida llena de amor y felicidad juntos.

A veces, el mayor obstáculo que debes superar para mantener tu relación eres tú mismo. Muchas veces quedamos atrapados en viejas rutinas y formas de pensar, pero a veces simplemente tienes que intentar algo nuevo y salir de tu zona de confort para darle vida nuevamente a tu relación.

¿VALE LA PENA TODO EL TRABAJO QUE IMPLICA UNA RELACIÓN MATRIMONIAL?

Hoy en día se ha comenzado a poner en duda el valor del matrimonio. Cada vez son menos las personas que deciden tomar el gran paso. Seguramente muchos de ustedes sabrán que cualquier relación matrimonial significa un gran compromiso y mucho trabajo por parte de los cónyuges. Entonces, ¿por qué hacerlo?

En primer lugar, una relación matrimonial funcional es esencial para la formación de una familia. Una relación amorosa sólida proporciona una base estable sobre la cual criar hijos y les enseña a ellos sobre la importancia del amor y el compromiso. Si los padres tienen una relación fuerte, los hijos pueden sentirse más seguros y apoyados, lo que puede mejorar su propia capacidad para establecer relaciones saludables en el futuro.

Y no olvidemos que una relación matrimonial profunda puede ser una de las mayores bendiciones de la vida. Estar en una relación en la que ambas partes se conocen profundamente y se apoyan mutuamente puede ser una de las experiencias más gratificantes y satisfactorias que alguien pueda tener. Además, puedes tener a alguien con quien compartir tus experiencias de vida. Las parejas pueden crear recuerdos y experiencias inolvidables juntas, lo que fortalece aún más su amor y compromiso mutuo.

Es normal que en cualquier relación, incluyendo el matrimonio, haya altibajos. Pero es importante recordar que es parte del proceso natural de la vida. Es posible que, a veces, haya desacuerdos y conflictos, pero es importante trabajar juntos para superarlos y fortalecer la relación en el proceso. Al final, estos altibajos pueden enseñar a las personas a apreciar y valorar aún más su relación.

La comunicación, como expliqué anteriormente, es clave en todo este proceso. Es importante ser claro y abierto con nuestras parejas, especialmente cuando surgen problemas o desacuerdos. Esto nos permitirá resolver cualquier conflicto, por difícil que sea. Cuando las parejas trabajan juntas en su relación matrimonial, pueden aprender a superar obstáculos y crecer juntos en una forma más profunda y significativa.

El matrimonio también puede proporcionar un sentido de seguridad y estabilidad en un mundo incierto. Al saber que tienes a alguien en quien puedes confiar y apoyarte mutuamente, puedes sentirte más seguro y fuerte en tus decisiones y acciones diarias. Además, trabajar en una relación puede mejorar la calidad de vida de ambas partes. Las parejas pueden desarrollar una mayor resiliencia y una mayor capacidad para enfrentar desafíos en el futuro. Esto, a su vez, nos permitirá crecer como individuos.

En resumen, trabajar en una relación matrimonial puede ser una experiencia profunda y gratificante. Puede proporcionar una base sólida para la formación de una familia, una conexión profunda con un compañero de vida, una fuente de apoyo y seguridad, y una oportunidad para crecer juntos como pareja y como individuos.

PREGUNTAS PARA CRECER JUNTOS:

1. ¿Por qué crees que es importante expresar gratitud y aprecio hacia tu cónyuge?

2. ¿Cuáles son algunas de las cosas que usted y su cónyuge sueñan juntos?

3. ¿Qué es lo que más te gusta recibir de tu pareja?

4. ¿Cómo se practica la solidaridad entre ambos?

5. ¿Por qué crees que es importante mantener la confianza en un matrimonio?

¿Qué significa llegar a casa?

Lugares donde hemos vivido juntos

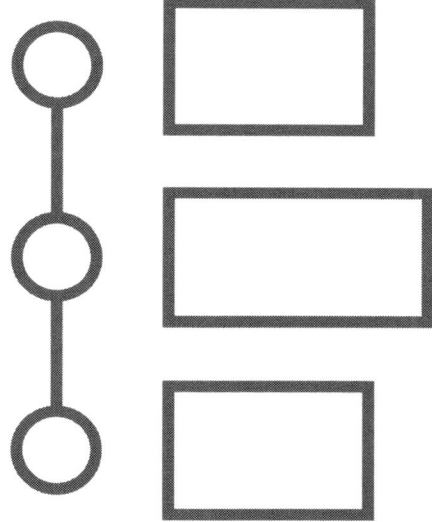

La fe que compartimos

CAPÍTULO XII.

EL JUEGO DE LA SEXUALIDAD

La sexualidad es uno de los partidos más importantes del torneo conyugal. Conocer las reglas del "juego sexual" y dominarlas puede ser un atributo formidablemente ventajoso en toda unión matrimonial. Al fin y al cabo, explorar y hablar de sexo en pareja es uno de los caminos más significativos hacia la satisfacción y la unión duraderas. Comprender cómo interactúan sexualmente las dinámicas de pareja permite la confianza, el crecimiento y la intimidad, que son necesidades básicas que impulsan la cercanía a largo plazo dentro de las relaciones. Este viaje ofrece oportunidades especiales para evitar el aburrimiento, alimentar los respectivos deseos de afecto del otro, apreciar las personalidades de cada uno en su estado más saludable, además de mantener a los miembros de la pareja comprometidos al máximo de su potencial. En conclusión, nutrir sus conocimientos sobre este extraordinario tema siempre reporta lujosos dividendos.

INDICADORES DE UNA VIDA SEXUAL SALUDABLE ENTRE UN HOMBRE Y UNA MUJER

Cuando se trata del matrimonio, tanto el marido como la mujer deben invertir tiempo y esfuerzo para desarrollar y mantener una relación sexual satisfactoria con su pareja. Estos componentes permiten a los matrimonios construir una conexión personal y emocional significativa entre ellos. Algunos indicadores de un matrimonio saludable son aceptar las diferencias entre ustedes, disfrutar de citas regulares e involucrarse en actividades que los hagan felices juntos, comunicarse abiertamente con respeto mutuo, sentirse atraídos el uno al otro y estar dispuestos a programar tiempo para pasar momentos juntos. Un matrimonio exitoso puede llevarse a cabo si ambas partes inyectan energía individualmente para fortalecer el matrimonio cada día.

SE TRATA DE CONECTAR SEXUALMENTE

Más que hablar entre sí, una comunicación emocional es la clave para una vida sexual satisfactoria y activa en un matrimonio. Si bien hablar de temas triviales puede ser entretenido, recuerde profundizar para crear una conexión genuina. Descubrir la intimidad sexual de ambos es un viaje de toda la vida. Una de las cosas que puede hacer que el sexo sea fantástico es la verdadera conexión lograda a través del diálogo. Mantener una comunicación abierta también puede ayudarle en abordar cualquier problema sexual que pueda tener desde el principio antes de que afecte negativamente su relación o autoestima.

INTERCAMBIAR ASPIRACIONES Y EXPECTATIVAS

Sea honesto y directo acerca de sus expectativas y fantasías sexuales. Sobre lo que deseas, sé franco y honesto. No critique a su cónyuge durante esta conversación. En su lugar, exprese sus deseos claramente y lo que lo hace sentir bien. Nunca asuma que su pareja debería saber lo que usted no le ha comunicado.

Discutan sus expectativas acerca de hacer el amor el uno con el otro. Su matrimonio puede sufrir de expectativas erróneas o incumplidas. Dígales con amor y respeto si su cónyuge no está alcanzando sus expectativas. En una relación, el sexo puede expandir y enriquecer la experiencia.

LA ANTICIPACIÓN

La planificación de encuentros sexuales entre ambos puede ser crucial a medida que la vida se vuelve agitada y los horarios se llenan. Dependiendo de su perspectiva, es posible que no desee hacer la programación. Por otro lado, los planes pueden ser tan maravillosos como el sexo improvisado. De antemano, cree el estado de ánimo. Comience los juegos previos por la mañana si desea sexo satisfactorio por la noche. Cree anticipación para tu cita sexual enviando señales a lo largo del día, como notas, correos electrónicos, mensajes, llamadas telefónicas, abrazos u otras acciones coquetas. La espontaneidad podría surgir inclusive, dentro de su propio plan.

ESTIMULACIÓN SEXUAL FEMENINA

Aquí hay algunos consejos para estimular la frecuencia sexual en la mujer. Primero, acaricie (no necesariamente de forma erótica, sino afectiva) y sea cariñoso. Para tener el impulso sexual, las mujeres en particular necesitan sentirse amadas y conectadas. Abrazos largos, besos, miradas, masajes de manos o pies, o cualquier otra cosa tan básica como eso puede ayudar a conectarse, aumentar la intimidad y hacerle saber a tu compañera que estás buscando intimidad.

AUTOCUIDADO INTEGRAL

Su salud física, emocional y mental están entrelazadas con su salud sexual. Las personas que se sienten bien consigo mismas física, mental y emocionalmente tienen más probabilidades de estar de buen humor. Tendrás más energía para cualquier tarea si haces ejercicio con frecuencia y consumes una dieta saludable. Mantener una rutina de ejercicios también puede aumentar su flexibilidad y confianza en sí mismo. Según algunos datos, un solo entrenamiento puede aumentar el placer del sexo al mejorar la excitación a corto y largo plazo en las mujeres y activar su sistema nervioso simpático.

NO COMPARAR

No es beneficioso ni pertinente comparar su vida sexual con la de otra persona o con lo que las estadísticas de sexo marital sugieren sobre los demás. Cuando se trata de la cantidad apropiada o inapropiada de sexo, no hay pautas. Lo más importante es determinar si usted y su cónyuge pueden tener relaciones sexuales regularmente en su matrimonio, y si no, cómo pueden expresar esto y arreglarlo juntos. Del mismo modo, recuerde que el sexo no siempre será ideal; evite comparar sus experiencias sexuales con las retratadas en medios como películas o televisión.

BUSCAR AYUDA CUANDO SEA NECESARIO

Si usted y su cónyuge tienen problemas para desarrollar y mantener una conexión sexual feliz, es posible que desee la ayuda de un profesional competente que pueda guiarlo para resolver el problema. Hable con un médico. Un médico puede recomendar la terapia adecuada si condiciones como la disfunción eréctil (DE) o la sequedad vaginal afectan su vida sexual. Consulte a un terapeuta familiar. La terapia de pareja, puede ser muy útil para aumentar la comunicación entre usted y su cónyuge y desarrollar prácticas sexuales y de mejora de la intimidad. Finalmente, hable con un terapeuta sexual. La terapia sexual, está en lugar de un remedio físico, ayuda a lidiar con los problemas sexuales en individuos y relaciones.

PÓNGALE SAZÓN

Si bien el sexo conyugal es ocasionalmente criticado por ser monótono, no tiene por qué serlo. Además, se ha descubierto que ofrece varias ventajas, incluida una presión arterial más baja, menos estrés, mejor cercanía e incluso una disminución de la tasa de divorcio. Tenga en cuenta que inevitablemente habrá altibajos en el sexo durante el matrimonio. Los niños, el estrés y la enfermedad son solo algunas variables que pueden influir en la frecuencia sexual. La buena noticia es que si su vida sexual se ha topado con una pared, hay varias maneras de hacer que las cosas se muevan nuevamente y condimentarlas con un poquito de sazón.

DIFICULTADES DE LA SEXUALIDAD EN PAREJAS

Muchas relaciones matrimoniales de hoy en día se enfrentan a problemas sexuales. Todos los matrimonios tienen problemas sexuales, independientemente del grado de cercanía entre ellos. Estos problemas pueden estar vinculados a la animosidad generalizada, la comunicación inadecuada, la falta de confianza y los diversos niveles de deseo sexual. Al tratar trastornos por disfunción sexual, es importante abordar aspectos tanto físicos como psicológicos para mejorar la satisfacción y el compromiso sexual para las parejas matrimoniales. La buena noticia es que existen estrategias simples pero efectivas para lograr un mayor entendimiento al interior de un matrimonio y mantenerse conectados. Durante la terapia matrimonial, la pareja puede explorar temas tales como comprender mejor sus necesidades y deseos, reconocer sus propias limitaciones éticas y principios sobre sexo y sexualidad, así como empezar a crear una relación matrimonial más satisfactoria.

¿ES TÍPICO QUE LAS PAREJAS EXPERIMENTEN PROBLEMAS SEXUALES?

Tanto los hombres como las mujeres tienen disfunción o problemas sexuales en algún momento. Es típico que el envejecimiento cause muchos tipos de problemas sexuales. Sin embargo, entre las personas más jóvenes, cosas como un estilo de vida poco saludable, estrés regular, tener varias parejas, etc., podría causar problemas sexuales en el matrimonio.

FRACASO EN EL CLÍMAX

Cuando se trata de cercanía física, el cuerpo de un hombre reacciona de manera diferente que el de una mujer. Por lo general, a los hombres les resulta más fácil conseguir sensación de placer que a las mujeres. Los hombres, por lo tanto, tienen una mayor probabilidad que las mujeres de experimentar un orgasmo durante la actividad sexual. Incluso si rutinariamente participas en actividades sexuales con tu pareja, no poder experimentar un orgasmo a veces puede hacer sentir a muchas mujeres enojadas e incluso humilladas. La incapacidad de las parejas para discutir abiertamente estos temas sirve para intensificar el conflicto. Esto hace que uno de los miembros de la pareja pierda gradualmente interés en tener relaciones sexuales, privando a la pareja de un acto crucial de intimidad.

Por eso es tan importante la comunicación y la confianza a la pareja, ya que esas herramientas les van a permitir no solo conversar sobre esta frustración, sino que los ayudará a que, mediante el entendimiento y acuerdos, busquen soluciones para que ambos puedan tener una relaciones satisfactorias. También podrán conectarse a otro nivel y dejar claro que su placer es importante para ti, que no hay egoísmos de por medio y que están juntos en esto, y se apoyaran para encontrar las soluciones necesarias para disfrutar su sexualidad en pareja.

ERECCIÓN IRREGULAR

La disfunción eréctil en los hombres es una condición típica que afecta la vida sexual de una pareja. La capacidad de un hombre para lograr o mantener una erección lo suficientemente fuerte para la actividad sexual se conoce como disfunción eréctil. Como resultado, los hombres con disfunción eréctil pueden experimentar vergüenza extrema, disminuyendo su autoestima y disminuyendo su disposición a participar sexualmente. Varias condiciones médicas y psicológicas pueden causar disfunción eréctil en los hombres, incluyendo las siguientes:

1. Factores físicos

   1.1. Colesterol excesivo.

   1.2. Presión arterial elevada.

   1.3. Diabetes \ obesidad.

   1.4. Enfermedades coronarias.

   1.5. Problemas para fumar y dormir.

2. Factores emocionales

   2.1. Niveles excesivos de estrés.

   2.2. Tristeza.

   2.3. Ansiedad.

   2.4. Otras enfermedades mentales.

DECLIVE DE LA PASIÓN

Otro problema sexual típico que tienen las parejas casadas a medida que envejecen o han estado juntas por un tiempo, es la pérdida de deseo y pasión. El problema es que cuando las parejas pasan mucho tiempo juntas, pierden la chispa, lo que socava la asociación de su fuego. Muchos se dejan llevar por la monotonía y olvidan lo importante que es innovar y experimentar en pareja, o el otro caso, que es cuando sienten que como ya están casados y tienen mucho tiempo juntos, no deben esforzarse para conquistar al otro para tener un encuentro sexual.

LAS LIBIDOS NO SE SINCRONIZAN

Las parejas que tienen dificultad para desear tener sexo, en varios momentos tienen libidos que no están sincronizados. Puede tomar algún tiempo para que ustedes dos entiendan la razón de que este sea uno de los problemas sexuales frecuentes en el matrimonio. Por lo tanto, se sugiere crear la circunstancia en lugar de esperar a que sus tiempos de excitación coincidan.

PRESIÓN POR TENER HIJOS

Tiene sentido que si una pareja determina que necesita tener hijos, su enfoque pasará de hacer el amor a seguir un método. El objetivo del sexo, la conexión y la cercanía con la pareja puede no lograrse debido a esta presión, que puede afectar negativamente el desempeño de ambas partes.

UN COMPAÑERO RENUNCIA A LOS JUEGOS PREVIOS

El preámbulo sexual es muy importante. A veces, los problemas sexuales en un matrimonio no son realmente causados por ninguna forma de disfunción, sino más bien por cómo las dos partes ven el sexo. Por ejemplo, no solo a usted le resulta frustrante cuando un compañero se salta el preámbulo y penetra de inmediato. Este es un problema común.

EYACULACIÓN PRECOZ

La eyaculación prematura indica que ocurre antes o inmediatamente después de la penetración. Un mal estilo de vida, alimentación, salud, o el efecto secundario de un medicamento podría ser la causa de la eyaculación precoz. Visite a un médico y/o a un terapeuta sexual.

TRASTORNOS ORGÁSMICOS

Los trastornos orgásmicos pueden causar muchos problemas en matrimonios a largo plazo. Esta condición se caracteriza por la imposibilidad de una mujer a tener orgasmo durante la actividad sexual, o una gran dificultad para desencadenarlo. Debido a esto, se reduce el deseo sexual de esta persona hacia su pareja, dado que, el acto sexual, se considera insatisfactorio.

DESCONECTAR EN LAS EMOCIONES

La conexión de las parejas puede sufrir si hay distanciamiento emocional entre ellos. Por ejemplo, podría ser provocado por la experiencia de una pareja con trauma o abuso, un caso reciente de infidelidad o una discusión significativa que no se ha resuelto en la relación.

DESPUÉS DE TENER UN BEBÉ, COMPORTAMIENTO SEXUAL ALTERADO

Tiene sentido que una vez que una pareja tiene hijos, la vida se vuelve más ocupada. Además, otros cambios físicos y prácticos podrían dificultar la capacidad de la pareja para tener una conexión sexual.

DANDO POR SENTADA TU RELACIÓN

Puede ser un desafío para las parejas combinar su relación con otras facetas de sus vidas. Desafortunadamente, las parejas pueden experimentar estos problemas, y todo lo que se necesita es un cambio en la estrategia para que las cosas vuelvan a la normalidad.

HABLAR SOBRE EL TEMA ES UN DESAFÍO.

Las parejas pueden carecer de la confianza para abordar el tema del sexo. Puede ser difícil hablar de sexo cuando eso requiere decirle a tu cónyuge que haga o deje de hacer algo, en el acto sexual. Pero créeme, no lo va a adivinar, necesitas hablarlo.

CONSEJOS PARA UNA INTIMIDAD SEXUAL SALUDABLE:

1. Mantenga una frecuencia

Las parejas que están sexualmente contentas a menudo reconocen que la intimidad no lo es todo. Y la investigación indica que suelen tener relaciones sexuales al menos una vez a la semana. Por supuesto, una rutina no garantiza la felicidad inmediata. Sin embargo, acercarse físicamente a su cónyuge con frecuencia podría indicar que los dos están en una buena posición.

2. Aprenda todo lo que pueda de sexo y de su cuerpo

La alegría sexual puede equipararse al conocimiento. Si usted y su cónyuge pueden comprender mejor las zonas erógenas corporales del otro, su relación sexual puede alcanzar nuevas alturas, cuánta estimulación necesita y qué lo excita.

3. Toque

La interacción física es un método eficaz para fomentar la conexión y la confianza. La concentración sensorial es un método utilizado por los terapeutas sexuales. Es una prueba para ver cómo los diferentes tipos de contacto afectan sus sentimientos.

4. Confianza el uno en el otro

Según los estudios, las parejas que no son abiertas acerca de sus preferencias y disgustos en el dormitorio tienen más probabilidades de experimentar insatisfacción. Por lo tanto, háganse saber si su libido es baja o si tiene problemas para alcanzar un orgasmo. Del mismo modo, si algo te hace sentir incómodo o si te sientes cohibido por tu cuerpo, házselo saber a tu pareja.

5. Puedes ser débil

Su capacidad para relajarse el uno con el otro es otro signo de una conexión sexual exitosa. Puedes sentirte libre de llorar si eso es lo que necesitas hacer. Incluso si estás teniendo un día horrible, tu cónyuge te hará sentir mejor. Esto demuestra que su relación es más que solo tener relaciones sexuales, lo que puede hacer que se sienta apreciado.

6. Provea una compañía agradable

Según la investigación, las parejas que se preocupan por hacer feliz a su cónyuge son más felices en la cama.

7. Busque actividades que den satisfacción

Cuando participas en actividades que hacen que tu cuerpo libere endorfinas para sentirse bien, como el sexo, el ejercicio, la risa, la creación de arte o cualquier otra actividad que te haga feliz, fortaleces la vía de respuesta que te permite excitarte más rápidamente.

8. Emplee herramientas

Está mal juzgar a las parejas por añadir un elemento de comodidad a su matrimonio sexual. Aún para los más románticos, merece la pena intentar todas aquellas opciones que mejoren el sexo. Después de todo, cuando se trata de matrimonio y sexualidad, prestar atención a la comodidad y los deseos de tu pareja siempre es algo positivo. Si usas lubricación o compras una almohada para apoyar tu posición no estás admitiendo nada negativo; más bien estás demostrando que te interesa complacer completamente a tu pareja. Un matrimonio saludable florece con la consideración mutua y el impulso de explorar experiencias únicas como compañeros de equipo.

9. Cuidado con la pornografía

Para algunas parejas, el erotismo en la literatura o en la cámara puede hacer que las cosas se pongan humeantes en el dormitorio. Sin embargo, la capacidad de algunos hombres para desarrollar una erección y el orgasmo con su pareja puede verse obstaculizada por un hábito de pornografía. La pornografía también crea falsos estereotipos sobre cómo es el sexo en el mundo real. Esto puede dañar la relación y disminuir la autoestima de su pareja.

PREGUNTAS PARA CRECER JUNTOS:

1. ¿Cuáles son algunos consejos para mejorar la salud sexual en la pareja?

2. ¿Cuáles son algunas de las disfunciones más comunes en las parejas?

3. ¿Qué opinión le merecen las fantasías sexuales?

4. ¿Es perjudicial la pornografía para el matrimonio?

5. ¿Deben los cónyuges hablar abiertamente de sus expectativas sexuales?

Si fueramos estrellas de Hollywood por un día, mi talento sería

Tú: _____

Yo: _____

Acróstico con nuestros nombres

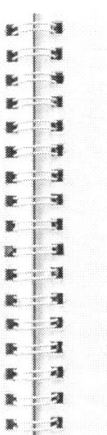

¿Cómo te ha ayudado este libro?

PALABRAS FINALES

7 EVIDENCIAS DE UN PLAN DIVINO GANADOR

Según Genesis 1:26-31

1. Nos hizo como El; "Y creó Dios al hombre a su imagen, a imagen de Dios lo creó".

2. Plan de equipo, no individual; "varón y hembra los creó".

3. Nos dio su bendición; "Y los bendijo Dios".

4. Imperativo de expansión; "y les dijo: Fructificad y multiplicaos; llenad la tierra".

5. Diseño de gobierno, dominio y poder; "sojuzgad la tierra, y señoread en los peces del mar, en las aves de los cielos, y en todas las bestias que se mueven sobre la tierra."

6. Les proveyó abundancia; "Y dijo Dios: He aquí que os he dado toda planta que da semilla, que está sobre toda la tierra, y todo árbol en que hay fruto y que da semilla; os serán para comer."

7. Aseguró un resultado ganador; "Y vio Dios todo lo que había hecho, y he aquí que era bueno en gran manera."

Dios nunca opera desde una mentalidad de pérdida. Para Él, la victoria es el único resultado válido. Esta creencia también se aplica a su matrimonio, donde tanto usted como su cónyuge conforman las fuerzas primarias en una adversidad que da forma a un resultado victorioso. Él no alentará un resultado predeterminado para el perder; esta relación, como las demás, está creada para el éxito.

Repite con nosotros: Dios no patrocina fracasos. Mi pareja y yo somos el equipo ganador.

Made in the USA
Middletown, DE
24 December 2024

66767419R00093